惺惺然醒来，心里突然冒出一句——迟来的幸福似海深。我的心在刹那，如莲花次第绽放，富足而赞叹。没有牵挂，没有负担，没有反反复复的追问和要求，只有安静和感激。今天没有人打给我电话，也没有人约我。我安静地在这里，开着紫色的小花。

莲花次第开放

程 然 著

四川人民出版社

图书在版编目（CIP）数据

莲花次第开放 / 程然著 . – 成都 : 四川人民出版社 , 2014.9
ISBN 978-7-220-09252-7

Ⅰ . ①莲… Ⅱ . ①程… Ⅲ . ①散文集 – 中国 – 当代

Ⅳ . ① I267

中国版本图书馆 CIP 数据核字 (2014) 第 153997 号

LIANHUA CI DI KAIFANG

莲花次第开放

程然 著

特约编辑	张　芹
责任编辑	周　颖
封面设计	朱　红
责任校对	蓝　海
版式设计	黑羽平面工作室
责任印制	聂　敏
出版发行	四川人民出版社　（成都槐树街 2 号）
网　　址	http://www.scpph.com
E-mail	sichuanrmcbs@sina.com
新浪微博	@四川人民出版社官博
发行部业务电话	（028）86259457　86259453
防盗版举报电话	（028）86259457
照　　排	北京乐阅文化有限责任公司
印　　刷	北京朗翔印刷有限公司
成品尺寸	150mm×230mm
印　　张	13
字　　数	135 千字
版　　次	2014 年 9 月第 1 版
印　　次	2014 年 9 月第 1 次印刷
书　　号	ISBN 978-7-220-09252-7
定　　价	32.00 元

目 录

第三辑 生命的斤两

第四辑 尘世里的声音

第五辑 带着皮囊跋山涉水

自序

这本书是我十年以来日记的一部分，记录了自己成长过程中一颗心的历练。

最初写这些字的时候，是写给自己看的，有些写给了我所逗留的网站。那些网站里没有熟识我的人，让我觉得自己可以像个隐身人一样，把自己在生活中不敢说的，羞于表达的心声袒露出来。对爱的人缄默，对陌生人说心事，文字是我精神成长唯一的出口，那是在独自询问生命真相时无法压抑的大声呼喊，也是不想苟且流俗的决绝姿态。

回头看自己的这些足迹，有些令我惊讶，有些令我羞愧，那在暗夜里的喃喃自语，在泥泞里的孤单身影，和不能平静、无处安顿的心灵，都让我一再地为自己捏一把汗。但这的确是自己走过的路，有过的感受，因为不愿意讳言，不愿意粉饰，所以自觉还是有值得珍惜之处。

我在很小的时候，就有幸与佛法结缘。最初，是因为考学挫折，想躲到红尘以外的山林里疗伤。在如是避风港里，我依旧难舍闯荡江湖的旧梦。后来，自己也果真离开了山林，实现了一些愿望。但人生的关口接踵而至，我在应接不暇的时候，终于明白，如果在山林与江湖之间不停奔走，此生没有尽头。

彷徨间，我突然对当年那个避风港产生了巨大的好奇，觉得其中蕴藏着无尽的宝藏，那里有对治烦恼的苦口良药，更有修正愚痴的般若智慧。

这十年来，我独自走了很多路，到每一个地方，都会去寺庙。那儿，仿佛能涤荡浪子心怀，能让狂心暂歇。我受益很多，不敢专享，也把它化作了文字。我绝不愿意给他人一个布道者的印象，不仅是因为没有资格，更是觉得没有必要。人只有在心灵敞开的时候才能听见别人的声音，我深知这一点，所以，信仰的事情，不愿自作多情地啰唆。在这些文字的抒写中，我唯独的心愿是想提供来自我个人体验的成长蓝本。也许这里仍然会有思想的盲区和误区，但它是真实的。检点足迹，是为了给心灵留一个参照，是勉励，也是警醒。

有时候我想，人这辈子一直在学习的事情有一个，就是走路。顺顺当当走完的路很少，大多数人，还是兢兢业业、勤勤恳恳地学着，走着，摔倒了再起身。有互相搀扶着走的，也有踽踽独行的。有的人会一往直前，有的人会拐弯或调头，有的甚至会原地踏步，蹉跎岁月。这都没有关系，只要忠实于自己的心，我们一定会慢慢走得稳妥，走得漂亮。那中间的千回百转，都是我们学习过程中必须付出的代价，毋庸着急，更不要苛责自己。

要知道，莲花的开放，都是经历了风霜雨电的洗礼，淤泥河塘的锻造，才次第绽露笑颜的啊，又有哪一朵，会是拔苗助长、偷工减料地蓦然开放的呢？

好好地生活，做敦厚纯良的赤子，不断混这难得的人生，便一定会亲眼见证暗香盈盈的莲花次第开放的。

是为序。

并以此书献给我的父母，献给我的同修。感恩你们的爱，让我成长。

2006年3月12日

我想问的是时间的事。时间不可改变的是什么？时间让我们奔腾的心了解了什么？当年华匆匆地逝去，如果所有的人都变老，只有我还是一个顽童，那么，上天要我生而为人，必有其深意，那又是什么？

第一辑

时间是恒河的沙

七月流火

七月流火，出自《诗经·国风·豳风·七月》，指夏历七月（相当于阴历八月），火星下降，表示暑气已退，寒气将来。此处作者取直观意，表达心灵迷茫时的焦躁情绪。

很长时间以来，我追问着自己活着的意义。如你所料，我找不到答案。在追问之后，是茫然的；在刻苦之余，是怠惰的。我一边挣扎在自己的痛苦之中，一边又欣欣然地玩味着这痛苦。即便是我于你掌上轻灵飞舞的那一刻，依然背着我与生俱来的重重的壳。

更多的时候，我强打精神过活。

目的是假的。过程更是假的。懵懂时可以打起精神，鼓起勇气；洞然之后也能出神入化，不受现象所惑。唯独这骑墙之间，这中庸之道。

我拒斥着凡人生活，却沉浸于你曾经的爱怜；我任凭这心在胸中奔跃，却无法将它安放。我盼望着你的引导，可发现你也在暗夜中踽踽独行。我本不该这样期望。那不可靠。

看到那篇著名的《大佛的避雷针》，少不更事的小孩子问父亲，大佛的头上为什么也会有根避雷针呢？如同苏东坡问佛印，为什么观音菩萨的手腕上也戴着佛手串？他自己不就是佛吗，难道还要求佛？佛印一句话化解所有的妄想：求佛不如求己啊。

七月流火。铺天盖地的热。彻夜的清谈迎来不堪卒视面目肿胀的白昼。白昼太长，把我心里的清凉榨干。让我无比盼望夜的来临，静的来临，冷的来临。当一切都来临的时刻，我便深知：没有捷径，没有可以依赖的人和引导师，没有可以偷工减料、投机取巧的方法论。在探寻真相的路程中，注定了要诚实、慎独、一如既往地果敢。

七月流火。每个人都在赶路。那咸湿的汗，那苦闷的心，那孤独的身影，那没有终点的劳顿。我像个海边的蜗牛，背着重重的壳，慢慢地走路。是因为壳重吗？还是路太长？是什么让我看不到彼岸？

找个人终老，不是不知道千里搭凉棚，终有一别离，是为了在赴死的途中，有个对手解闷儿。没有人例外。各自的孤单让我和你团结，若不能彼此救赎，那便共同面对。我对爱情的理解对吗？

1999年看《泰坦尼克号》，因为一直拒绝随大流去给大片增加票房，所以是时隔很久，才在朋友家里看到的碟片。片子演到大船将倾，那相爱的人儿紧握着栏杆，看身边的生命如同烟花，纷纷坠落。我的朋友突然说，你看到了吗，爱情就在这时候有点作用。面对死亡，大家都心知肚明，但不能被吓倒，因为爱如同滂沱雨中的一点篝火，微弱之光便足以令人安慰。

每个相爱的人，都有不同的路要走，有的先行谢幕，有的继续生存。但不能因为阴阳两相隔，人鬼情未了，便去抱怨自己明白得太晚——原来不能相守才是真相啊。爱是真相，死，也是真相。二者并不矛盾。矛盾的是我那不自觉的心。仿佛因为有死，就必须有伴；因为有觉悟之路，就必须有同修。多么自私的偷懒的想法啊。

爱情是一个途径，有的人在这里面睡大觉，有的人通过它证道。不正的不是路，永远是你的心。

唯苦近佛

苦是一种药，对症下药才能治病，安苦要有信心，有耐心，否则，纵尝遍千般万苦，药还是药，病还是病。

梅表姐（艳芳）低吟浅唱，《看着寂寞长大》，谁不是？！食人间烟火的凡人夫妇不是，但有许多生来身负使命者必须看寂寞相生相随，不是想不想、愿意不愿意的问题，是你的灵魂被打上了觉知的烙印。

很小的时候，看到自称是“丑小鸭”的朦胧派女诗人傅天琳发表的札记，讲她当知青时三次悄悄的单恋。讲那与暗恋的男孩子头发相触时心神摇曳的感觉。然后她蓦然嫁了。

知青们20年后首聚，大家都各有家室。有她当年喜欢的人仗着酒意红着眼圈对她说：傅天琳，你那时候太高傲了，其实我们很多人都喜欢过你，就是不敢追你。傅天琳微笑的脸，恸哭的心，为她的20年，从少女到中年，没有爱情。

还有《四月裂帛》的书写者简媜，为了灵魂的迦南地，与摆渡去另一彼岸的父兄永诀。如父，如兄，决然早逝的爱情泡影。于是这个我深爱的女子，高傲地说人生不能遭遇知己，莫如绝版裂帛。

每个人的选择，皆有命向。不是他们不想爱，不想与彼相濡以沫，也不是不想渔樵问答，为汝煮饭洗衣，不是啊，是他们在今生的游走中，找不到对手。

如邓丽君，唱了一辈子情歌，而唯独自己没有爱情；如梅表姐，穿着婚纱，也只能嫁给舞台。

一个人的成长，总是在盼望和等候中慢慢来临。那漫长孤寂的青春，带给我们的是残酷的踽踽独行。不是不勇敢，不是我们不愿意去追寻，是因为如果不能使自己进步，有势均力敌的对手过招，那么，要那些川流不息的爱情有什么用！

“寂寞时候爱上的人，爱过以后更寂寞”，所以只有不抱怨，承认，安守，而后觉。

唯苦近佛，这是我的法门。

写下这样的文字后，我的同修朋友青茹告诉我：

“苦是一种药，对症下药才能治病。安苦要有信心、有耐心，否则，纵尝遍千般万苦，药还是药，病还是病。执着苦难不对，那是苦执。

我和你是怀着同样的苦难来这个世上的，有幸聆听法音，找到了最好的医生，药已配好，只需要老老实实、持之以恒地吃。

对人对事仔细分别是好事，但不要因此成为一个评论者或正义的鉴定人，我们没有资格。

是非放下，无是无非即城府，贪苦贪悟，欲速则不达。”

我在命运的暗夜里睁着眼睛

命运是暗夜里呜咽的蛐蛐。在你不经意的时候轻吟浅唱。

我在命运的暗夜里睁着眼睛。这夜，深深的寂静，悄悄地消逝。我深陷其中，感受着它对我的敲打和提醒。更多的时候，我在忙中丢了我的心，在应接不暇的生活中看着大把大把的时间和青春倏忽而过，不留踪影。我笑着，过着。但终有此夜，我睁着眼睛，停顿。

以前，我总以为，爬过这座山，就可以歇个脚，搭起凉棚，欣赏无限风光在险峰。但每一次，我都错了。上了山，会发现还有更好的风景。我绕了很多的圈子，最终还是要和命运打个正着，交锋。

命运是暗夜里呜咽的蛐蛐。在你不经意的时候轻吟浅唱。你可以半晌贪欢，但它终究会在某个时分，蓄谋已久地登堂入室，迫你投降，令你溃不成军。“黑夜给了我黑色的眼睛，我却用它来寻找光明”。

光明。是明天的清晨？还是那有露水有尘埃的光影？

生别离

相爱是执着，执着是苦，所以死别前要破执着。

死别时，那些曾经的爱亦无助；可相爱时，人都以为彼此会生死相守，故说“相爱是执着，执着是苦，所以死别前要破执着”。所以有了生别离。生别离非不爱，是爱到极致，之后决然而去，如同宝玉，爱极了众人，终尽弃之。

人们不去注意距离，害怕面对它，可是它存在于每一个人的创痛中。生死是最能唤起人们这种疼痛的事，那是一份最无情的挽留。

死能升华一个生者，他因为消亡，变得可以让人追随，变得崇高；并且，死能让浑噩、忙碌的人有一个停顿的时刻，痛省或悲伤。

死有个别名，唤作大限。如同一筒罐头，上面还印着保质期，可过了这个期限，原本甘之若饴的美味也会变得腐败不堪。仅仅是这个界限，使美味变得弥足珍贵。所以，要注意到这个期限，这个距离，是为了透过死而珍惜生。印光大师的居室当中，数十年挂着一幅字，便是“死”字，参悟好这个着黑衣的家伙，明亮的生活才会来临。而所谓趋乐避苦的人生态度，只是不愿意锻炼脑筋和心志的托词罢了。

最最坚强的，往往是最最柔软的。喜欢舒婷的一句话，“往事就像那只应声的蛐蛐，总在角落里低低地呜咽”。人们在酒肉声色中奔劳，有谁去拾昨日的朝花？而表面的坚强也显得是那样地脆弱不堪。无论怎样，人都是有往事的吧，那些亮丽过的成了漂泊者珍视的标本，而黯淡过的创痛，因为复述得到救赎。写过去了的事，那是我们知道并且需要理解的劫难，参悟过去是为观照来生，那是绝望的美丽，是碰触和抚摸身体里最柔软处的深刻欲望。

美好的事物终将流逝，有时甚至因为其美好而不为世所容，终归毁灭。那么，一种挽留和追忆的心态就变得格外珍贵。女孩不知道那些曾在身边的人和事是美好的，他们悄悄从她身边溜走。但女孩何其善感，她固执地记忆，把他们平静地罗列，成为“昨日当我年轻时”的见证。而被人碰触之际，每每心痛快慰，以致落泪。时间会告慰她所有的坚持都是有价值的，就如同高傲的东西不需要一时的接受，只需要渐渐的认识。

止息的优婆夷

止息：止息一切妄念，从而起观察一切真理的心。
优婆夷：指在家修行的女居士，也称清净女，亲近奉事三宝，受持五戒。

拒绝了今日的狂欢。

昨夜繁华落尽，却是在旁观别人的繁华。

每个人都在情天欲海里翻浪，生生不息。我能感觉到佛在这个瞬间又来到我的身边，他对表面美丽、内心恐慌的我说，你在忙些什么呢？你是在寻找快乐，躲避孤单吗？日日是好日啊，我的优婆夷，你要止息，观察你的灵魂，看她真正要的是什么。

安安对我说，兰若，你不能这样下去了，你得重新开始，你得让他安心，让他觉得你们之间毫无瓜葛。是，我在随波逐流的生活中遭遇，我遇到了怀玉。但致命的是，他的声音、身影、口气和他的寂寞、矜持，无一个像1992年的你。我在昨夜的灯火中观察他，一如当年在内心千万次地描摹你。我的心注定是为遭遇你而千锤百炼，参悟情缘的。但是，我一边鼓励着自己，一边仍要问你：我的心注定是为遭遇你而千锤百炼，参悟情缘的吗？

有些知己不需要相守，他们生生世世相遇，只是为了分离。如果，你仍有疑虑，我便把这最后的一点点对你的想念也放下，然后永诀。

随遇而安。听上去简单，却几乎没有人能做到。不安的理由千种百种，原因只有一个，那就是执着。执着必因希冀，希冀落空必痛苦。循环往复，不得安宁。可为什么人们仍乐此不疲？每一个人都是被自己的业上了西西弗斯的魔咒，夜以继日徒劳地推着石头。我为什么还在推着石头？

我在世间流转，时而糊涂，时而明白。这大千的世界让我有了逃避修行的声色场所，有了掷杯前最后饮下的美（毒）酒。我深深地知道，却仍无力遁形收心。我不是明亮师兄，不能励志发心，成就如来家业；我是渴望悟道却又犹疑的蝴蝶，在自己的蛹中独自起舞。我只能在现世，在此刻，在机缘没有显露的前夕，做力所能及的事情。等待转机，是我最好的磨砺。如此，我这优婆夷，才能止息和安心。

手刃我执

我执，妄执人有一实在的我体，凡人众生皆自爱，有时因爱而执着，被这执着所缠缚而苦恼不堪。

佛说，破我执。

我却在这一点上有一个死结。常常自怜这副肉身，说她多好，多饱满，多纯洁，多真心真意啊！为什么不可以有观音和韦陀、大势至与大迦叶的心心相印？！

可是，我要的是心心相印，却不是永结无情游。尽管我是那么的不愿意承认，但我唯一欺骗不了的，是我的内心。

我执是那样地深重，让我在偶遇印心的刹那痛哭。那眼泪，滴滴晶莹，跃动着我的欢欣。

可是，我知道，我不是因为你深知我、深爱

我而感动莫名，而是为自己的回声倒影有人倾听、有人顾怜，觉得没有被辜负而得到安慰。我爱你们，更爱自己。我爱的是爱我的你们。

为什么你要这样地为自己担心？

对自我的执着，从一月到现在的札记，篇篇如此。

所以在暗夜里，辗转反侧，明明昧昧。

我执如同洪水猛兽，它来时，我的内心在大声地喊，我要，我要！即使毁灭，即使要做生活的输家。它走时，我便又醒来，像一个从来没有过父母养育的孤儿，在夜的尽头独自流浪，茫然不知未来方向。

如此往复，时时刻刻，岁岁年年，生生世世，永不间断。

今夜，你在这一刻的因缘怀抱中蛊惑，用短暂的幸福装点你异样的美丽，然后看慧命点点流失。

兰若，你必须调头啊！

这是谁在对我软语呢哝？

佛菩萨她告诉我，修炼不在一时一段，而在分秒瞬间。

每一刻都有人在偷窥着你的灵魂世界，给你记着缺席的考勤——呜呜，今天你的灵魂又去了哪里？

你是逃兵吗？是吗？

捡拾灵魂回席的，非佛，非法，非师父，是自性觉悟，通体透明的觉悟。痛彻心肺的割与舍，是对我执的毫不留情的手刃。

若蒺若藜

——与谁说孤独

蒺藜：草本植物，小叶椭圆形，开黄色小花，果皮有尖刺，可入药。却因外表孤寒，容易伤人，令人畏惧。

孤独是一剂良药，苦口，寒心，欲死而不能够；孤独是你泪眼问花花不语的静默；孤独是你高贵地站在佛前，恍恍惚惚又过了一生一世的蛊惑。

不是所有的花都会开，会结果。更多的时候，花开了，然后，花谢了。所以，花儿的绽放和凋落，无不是孤独的。无可奈何的不是赏花的人，是花儿剥离枝椏时刻骨铭心的疼痛。花知，你不知，呵呵。

在上海玉佛古寺，我看见观音堂的旁边，立着像墓碑一样的墙，那上面钉满了思念和泪水。那些已经长眠了的魂灵被他们的未亡人以善良的愿望写下名字，贴上照片，以快乐或严肃的容颜希望挤上去往极乐的单行列车。仰目望去，密密麻麻，层层叠叠——有这么多已经死去的人啊！有这么多的人希望快乐！！

我回身望向活着的人群，他们不同身份，不同角色，在这求神拜佛的殿堂里面，或肃穆，或神往，或泪落如雨，或磕头如捣蒜，求佛能满他们的欲望。活着的人们和死去的魂灵在这堵墙之间被无情地阻隔，每个人在他们的生死场中孤独地来去，悲伤地祈求。

那个纯洁的少年指天发誓：把我拿去吧，请你尽情地享用，我的一切都是为了你的快乐而准备的。啊，是啊是啊，可为什么你今日变成了陌生的箫郎？你顾全大局地说，相遇就有价值，请不要哭泣。这让我想起了革命，革命党人说，革命尚未成功，同志你仍须努力啊！！他们还说，死了我一个，还有后来人么！！

革命让人想到悲壮的意义和意义消解，让人觉得牺牲的痛和牺牲的孤绝。

有时候我也问，这苍白的文字怎能替代鲜红的情感？但没有办法，如你我所知，苍白是孤独的终身伴侣，鲜红是温暖的海市蜃楼。

列车不停地向前行，你的心才是我停靠的无名小站。可是你无心，所以我不能停留。生活为什么给你放纵的借口，为什么给我辛苦的理由？难道就是为了让我们在迷茫的行走中，品尝鲜红的温暖，重归苍白的孤独么？？

谁告诉我安心的秘诀，告诉我苦尽甘来能持续多久，告诉我父母死后还有谁来关心你的苦痛，告诉我觉悟之前应做什么准备，以及觉悟之后还有什么可以作为？

时间是恒河的沙

时间如同恒河的沙，不可数，不可知，无法捉摸，必须等待。

师父，很多时候，想给你们写信。

那回在机场偶遇如师父，师父给了很秘密的电话。每到夜深了的时候，真是想给你们打啊。我有很多的问题，不是简单的相守和游戏，不是斤斤计较和爱恨纠缠，不是被盲视和擦肩而过。我为复命而来，可我渴望得到你们的温暖加持。我知道，我必是你们的一员，因为真正的敦厚纯良和不被损伤。

那么，是什么原因让我遭遇和旁观？是什么让赤子泪水盈睫？是简单的得到和错失吗？是什么让我抽离自己的魂灵，过着清苦无知的生活，并且在这种生活中继续开始精神流浪？在接近真相的日子里，我没有经历，没有同修，没有灵魂的引导师。父母永不在，我孤独地面对着不可触摸的将来。

我想问的是时间的事。时间不可改变的是什么？时间让我们奔腾的心了解了什么？当华年匆匆地逝去，如果所有的人都变老，只有我还是一个顽童，那么，上天要我生而为人，必有其深意，那么那是什么？

有时候，我相信孤独是我的业力，它与上世俱来，它是另一种对灵魂的拷问；但更多的时候，我知道孤独是我奔向涅槃的必由之路，我别无选择，因为我像个被打上了记号的人，在面目模糊的命运当中永不能怠惰和逃避。

可，师父，那时是何时？

时间如同恒河的沙，不可数，不可知，无法捉摸，必须等待。我在时间里感受不到时间，握着沙子无从数起，知道彼岸却不会泅渡。那善言机巧、予人方便的觉者啊，可否教我一个方法，给我一把船桨？

不是绝望，是希望坚守的意义昭然若揭。

不落言诠，是为大自由。写完这些话，我没有问题了。

我在红尘里行路，有着自己的负累和任务。很多时候，律宗尼师们带给我的一切成了我灵魂的一个烙印。虽然这身躯被万物、被缘法暂时役使着，但烙印不会消失，它将永在。它告诉我，吾师们勇猛精进，直上孤峰顶，在那风卷云舒的天之尽头，有莲花灯座千万朵，朵朵曼妙，洒下世间。

第二辑

遥望来时路

遥望来时路

多年以后，我含着泪光遥望我的疾患，仿佛看到那个天佑的赤子，她在懵懂惶恐的少年时代经历的无边苦海，如今已变做了殷殷福田。我的病，就是我的药。它来，怀着大慈悲而来，让我不再耽搁表面营生，愿意深究内视。

说起自己学佛的经历，觉得很难下笔，因为劫难和头绪都很多，又怕有形文字纠缠在世事之中，贻误他人，所以一直迟疑，不能落笔。佛子在线（一个佛教网站）的斑竹再三邀约，我深知其苦心，是希望我自己曾经的挫折、辗转和感悟，能对大家有个参照。或许，在我摔过跟头的那个凸凹不平的地方放块石板，别人路过时，就已成坦途。如果真能如此，我愿意奉献自己的些微体会，与大家共勉和分享。

一、病来如山倒

如果说我现在与佛法的亲近，若要溯源，应该从疾病说起。

我生在一个多病多难之家。父亲和母亲都是遗腹子，他们生下来都没有见过自己的父亲。据说，爷爷是个茶商，多年来在山西和内蒙古之间奔忙，26岁因为肺病客死异乡。奶奶守寡到38岁，得了咽喉癌，不能吞咽，生生饿死。这期间她的女儿，也就是我唯一的姑姑，因为难产而亡。所以，我的父亲在16岁的时候，成了孤儿。

母亲还在姥姥腹中的时候，姥爷被抓了壮丁，23岁战死沙场。姥姥是家里我见过的唯一老人，她21岁守寡，70岁去世。这其中49年间，她行善茹素，唯一的心愿是求个好死。小的时候，常听她说，人活70古来稀，我只求活到70岁，跌倒就死，不拖累你们一个人。1983年，老人70周岁，无疾而终，在睡梦中与我们永别。

我5岁的时候，妹妹2岁。她和我的性格非常不同。我活泼好动，是个混世魔王；她文静温和，像妈妈。也许因为这个缘故，妈妈爱她尤甚。父母是从事核工业研究工作的，每逢反应堆开堆，他们都不能回家。我在那时，已经会做简单的饭食，懂得照顾妹妹。然而就是在那一年，妹妹因为误诊，患胸膜炎夭折。去的那一天，是父亲的生日。

我成了家里的独生女儿，却开始了与疾病的周旋。本身的体弱不足一提，真正给我整个生命带来深重影响的，是12岁那年的一场大病。我清楚地记得，那是10月2日，国庆节的第二天，也是父亲的旧历生日。

父亲自妹妹死后从不过生日，只有那一次，他因出差归来，与家人

久别重逢，母亲说包顿饺子庆祝庆祝。于是，父亲一早起来，便开始洗床单洗衣服，又和好了肉馅，准备中午吃饺子。我在快开饭前，去了一个同学那里对作业的答案。还记得当时问了同学一句，你们家怎么还没吃饭，她告诉我因为妈妈住院了。我心中一凛。到现在我也无法解释自己为什么会有那种感觉，似乎受了某种暗示一般。回家的路上，我无知无觉地走着。进了家门，看见父母正系着围裙在包饺子，我向他们伸出手，眼前却黑了下去。

从我们家到职工医院，路很远，父亲背着我，心急如焚地赶路。当时我神志清醒，却没有丝毫力气。至今我还能想起父亲疲累的喘息和我心疼抱愧的心情。

到了医院，只有值班大夫在，她们似乎都被我吓着了。我被推进抢救室，接着来了一个医生，她姓叶，是当时唯一镇定自若的人。她说，我这是虚脱了。之后便开始上氧气。我渐渐睡了过去。

等我醒来，看见我的父母很可怜地坐在我床边，他们是那样地卑微无助。两个人都强打了精神，看着我，有眼泪不敢流。接着，我的病情开始反复。我告诉他们，我感觉像有筷子顶在胃中，能呼却无法吸，气不够用。我不断地换着姿势，或躺卧或坐起，一刻不能停歇。我的至亲父母却一点忙都帮不上。

从那一天起，我忽而被诊断为心脏病，忽而又说我贫血，也有的说是青春期综合征。不管说是什么病，一连七天都在用同一种药。父亲害怕了，害怕剩下的这个孩子再次被单位的医院耽误，于是星夜兼程，带着我从基地赶往成都。

入住四川省人民医院后的那段经历，更令我终生难忘。在我住的那个病房里，有两个孩子是白血病。看到他们沉重的病情，父母都很害怕。我们这个人丁稀少的家庭已再也不堪生死的考验了。父母在到成都的第一天，就上街给我买了很多的东西。母亲生性节俭，很少给我添置新衣。那天，他们来探视我，除了新衣新鞋，妈妈甚至给我买了一根镀金的项链！我当时想，也许，我是要死了吧。竟需要这些物质的安慰了吗？

我的病，一直确诊不了，不断的血检尿检已经无效，大夫说只有骨穿了。骨穿，是通过穿刺骨髓并提取骨髓来化验的一种方法。那天，四个川医大的实习生摁住我，一个女实习生实施穿刺。我大哭不止，哭声穿越了整个住院部大楼，一直传到一楼的锅炉房。母亲因为无法面对，躲在那里打水，结果被开水烫伤了手臂。我同屋的小病友纷纷来到我的床前，他们以久病之身，鼓励我的意志。

深夜来临，我在自己的病中辗转反侧，不能安眠。我甚至不敢想到呼吸，因为一想到它，就怕它因为我的注意而变得急促，急促到窒息。但我又不能不注意它，于是经常摁响急救铃，值班的大夫护士因为我的恐惧不知道白跑了多少趟。后来，我不敢麻烦他们，开始自己面对不能放弃的执着——呼吸。我对自己说，再没有人可以帮你啦！爸爸妈妈夜里不能陪床，医生护士不能总是被我虚惊打扰，只有靠自己。最害怕的时候，只有自己面对。

也许是因为累了，我终于昏昏睡去。之后，我开始不停地上厕所。一紧张就想去。不幸的是，我总是感到紧张，于是我总得去。我不敢把自己的害怕告诉别人，只有独自担当。

接着，我的病友死了。妈妈告诉我那两个孩子是先天的造血功能障碍，没办法的。我久久地沉默着。

我们家鲜有老人，少有眷顾。尘世间的金钱、权力、地位和荣誉都不属于我们的生活范畴。我是个笨孩子。没有什么特殊的本领，学东西很慢。自行车学了将近三年才会骑。学习也不好，出类拔萃跟我长期形

同陌路。病痛、羸弱和死亡，在我幼年时代就如此深重地影响着我，让我不再是个贪恋游戏的孩子，不能在学校、玩伴中过正常的童年。

我自己有病，有一些病痛的秘密，不能言说，无法解决。很多时候，我只是在医院住着，不吃药，不打针，不去上学。只是住着。看着自己的病，看着他人的生死离别。

我的病在没有确诊的情况下自行痊愈。从医院回到学校以后，我整个人发生了巨变。蝇头快活已经不再能够让我动心停留。疾病，如山一般的疾病；还有恐惧，孤独面对的恐惧；别离，别离之后的去向……这些，都成为我生命的悬疑，等待揭秘，等待愚痴的心灵被开启。

1985年，我们全家举家北迁，回到家乡太原。我曾经又犯过一次病。一模一样的感觉。一个中医来看我。一针扎在胃上之后，说这是胃涨。进了凉气的缘故。从此，病不再犯。

多年以后，我含着泪光遥望我的疾患，仿佛看到那个天佑的赤子，她在懵懂惶恐的少年时代经历的无边苦海，如今已变作了殷殷福田。我的病，就是我的药。它来，怀着大慈悲而来。让我不再耽搁表面营生，而愿深究内视。这真真应了那句老话：磨难，就是财富。佛祖不是也说吗，烦恼即是菩提啊！

二、学海苦作舟

告别身体的困顿之后，我很快迎来了高中时代。在高中，我开始表现出严重偏科：数理化一窍不通，对语文外语却情有独钟。那个时候，我开始不断地发表文章，成为学校驻《太原日报》的小记者。如果说偏科给我带来什么好处，我想唯一的就是，在理科成绩落入谷底的时候，文科恢复了我做人的尊严。

接下来的文理分科。我出乎所有人意料，报了理科。客观上的原因当然也有：父母是理科出身，希望我能学理，但这并非我学理的真正缘由，因为在那个时期，大家公认的一个事实是：只有笨人才学文。这个约定俗成的观念一直困扰着我。我虽然因文科拔尖得到过荣誉，但毕竟不愿做笨人中的老大，宁可混迹于聪明人云集的理科队伍，哪怕是当个末将残兵，亦不至于脑门上贴了“笨人”的标签，任人讥讽。我就是这样，打肿脸充了胖子，为了一点虚荣，成了理科班拖后腿的人物。

第一年高考，我的数理化加在一起100分，语文则是当年的一类示范卷。成绩下来之后，我号啕大哭。父母都以为我是因为落榜而伤心，其实，我是为自己的华而不实感到痛悔。为什么我不能正视自己，要为别人的评头论足付出这样的代价？如今，别人都纷纷告别中学，进入新环境；而我，却要因为一时的虚荣一再耽搁。眼泪擦干以后，我告诉父母，我要复读，准备学文。

在复读期间，我遇到了改变我命运的一个女孩子。她是我的同桌，她哥哥在中央戏剧学院读舞台美术系，于是我有缘听说类似的艺术院校都有文学系，因为不要数学分，所以文化课只看所有文科科目的成绩。我听了以后，甚为心动。这样看来，我就只需要专心复习文科，而不必面对数学了！兴奋之余，怀揣着投机取巧、侥幸和撞大运的心态，我说服了妈妈，于阳春三月，北上考学。

来到北京，才知道世界之大，非我想象。我和母亲认为的冷门，却会集了来自全国各地的学生们。他们有的诗文精彩，有的博闻强记，有的是脱口秀，有的是挥笔就！为什么到处都是满腔热血的文学青年啊，我悲哀地想。只得硬着头皮上了考场。三天之后，我收到了复试通知。又过三天，我进入口试。离开北京回去后，我在惴惴不安中迎来了文考通知单。这就意味着我竟然通过了中戏的专业课考试，只要文化课的分够线，我就能上大学了。我因此汹涌澎湃，不能静心，父母受我感染，亦觉胜利在望，故遍告亲友。一时间，众亲友都觉得我志在必得，已是京城脚下一骄子了。

黑色七月。酷暑。第二次高考。成绩出来后，历史竟然不及格。语文依然是一类卷，但总分距离中戏的文化课录取线差8分。又因为复习的时候放弃了数学，所以，我的全部总分加起来只能上个大专。山西大学外语系有个大专班录取了我。但是此时的我，认定自己应该搞艺术，因而不顾父母的坚决反对，退了学，准备再次复读。

妈妈对此简直想不通。说你非要碰得头破血流才回头吗？我低着头咬着牙，说，是。这一年，因为少了父母的支持，过得非常艰难。我经常听到“鸡蛋碰石头，必定粉身碎骨”“蜀道之难，难于上青天”之类的议论，但路是自己选的，再难，也得走下去啊。这时候，传来了作家秦牧去世的消息，报上说老作家一辈子的座右铭是“耐得寂寞，不会亲友”，我深以为然，将之奉为行动坐标。

在这一年里，我的进步在于，不再虚荣，不再侥幸，不再偷懒，我能够做到的，就是慎独再慎独。在累的时候，我看到一本小说的扉页上，写着一位日本禅师的话：无论你与人相爱时，还是你与人死别时，你都是一个人。对于这种一个人的体验，我铭心刻骨。

第三年。中戏停招文学系一年。我报考了电影学院和戏曲学院。

七月。如火。漆黑色。第三次高考。得知自己的文化分数在两个学校排到第一名后，我松了口气。这时候，我大表哥却听来了内部消息，提醒我小心后门，让我及早准备。及早准备？白丁背景的我，能准备什么呢？！父母和我一筹莫展。最终，我得到了确切消息：电影学院说我专业不在前列，故落榜；戏曲学院说我转档误期，故不取。9月1日，连小学都已经开课，我却无所适从。母亲因此而病倒。三个月之内，她不与我说一句话。

我无路可去。我的一个姨妈——大表哥的岳母对我说，孩子，别闷在家里，去五台山玩吧！由此，我的人生发生了真正的转变。

我经姨妈介绍，来到普寿寺。这是五台山继集福寺之后的第二座尼众寺庙。开创者是当代南山律弘扬者通愿法师。通老有两个弟子，如瑞和妙音。我去的那年，如瑞师在做教务长，妙音师是律学院的当家师。而如师父是大嫂的好友，又是姨妈看着长大的，因了这一层关系，我得住客房。

接下来的三个月，我有幸得瞻修律的比丘尼们那日日夜夜的苦行。

凌晨3:00起，上早课；下午5:00下课，或劳动或自习，各行其是；上午8:00，有师父授课；过午不食；下午或拜忏或静坐；夜10:00眠。她们平日里沉默端肃，温和敦厚。吃饭的时候，必先唱经，领唱师唱罢，必来到佛堂之角，给饿鬼冤亲施当日食。每人面前一钵一碗，一一落座之后，有值班的小师父来为大家盛饭盛菜，她举着饭勺殷切看你，你用筷子在碗边沿画线，你能吃多少，就画到多高。若没吃饱，可以看向小师父，她必留意你，再来给你添饭……

此前，我从未看到过这样的苦行，从未看到过他们在海青衣衫下的金刚之心。如今我目睹耳闻，终日里望着客堂的那幅“以戒为师”的字发呆。那个时候，姨妈的妹妹已经出家多年，她们曾经带着我翻过三座山，往深山里的寺庙送粮送菜。我不觉苦，亦不觉累，脚力深厚，心中欢喜莫名。我愿意为师父们做这些——如果，我还能做这些的话。

日子很快过去了。一天，妈妈打来电话，说电影学院有个干部进修班，班主任是我们的主考老师之一，她问母亲我的下落，希望我能再考一次。我非常动摇。来到客堂，不敢看如师父。师父正在和几个居士说话。良久，她唤我说，明天你下山去吧。不要让你妈妈担心。我小声说，师父，我愿意留下的。如师父洞察我心，她又笑语，下山去，好好努力，不要抱怨，管好自己。夜深了，我听见五台的溪流潺潺作响，窗棂之外，有月朗照。我终夜不能入眠。

第二天，我要上路了。那时候，五台到太原的汽车经常遭遇车匪

路霸，我来时因为搭父母单位的旅游车，去时却只能坐这种公车了。如师父慈悲，送我亲手做的普寿寺的宝葫芦，挂在我的胸前，她告诉我说，管好自己，有护法跟着你呢，不怕！于是我上路。路上，果然有恶徒上车，我一路垂目念佛，平安度过。

第四年，我来到北京，我的老师希望我能坚持。于是，一年之中，我心无旁骛，不求命运转机，不怪责他人，不计较得失。日子倏忽而过。

7月未来，我已经收到了三所院校的文考通知单；8月，我以专业课、文化课全国第一名的成绩被电影学院录取。通知书下来后，父母抱头痛哭。而我，已然无泪。我真正的大学生活已经在录取之前艰难度过了。

管好自己。这是如师父一再告诫我的话。观照我的考学经历，每一次犯的错，我并非不知，但我就是无法不放逸，任由自己心猿意马，不能专心。结果，吃苦受累的只有自己。没有什么外物可以为我的苦难负责，唯一要负责的人是我自己。而这个时候，所谓苦难，已经不再是值得称道的东西，它是我不能端正本心的印记。甚至，我也不能和任何人攀比，攀比不同业力所造成的果报，是更大的妄想。我能做的，就是改变自己，清净这颗怀有太多妄想的心灵！

三、相期邈云汉

进入大学校门之后，我最先遭遇的不是学业，是爱情。在爱情面前，我完全是个沉睡不起的人。也许是因为自闭甚久，自视又甚高，自以为曾经沧海，所以很难在尘世的感情当中翻浪动心。

我碰到过一些男孩子，他们对我很好，有些人我也觉得不错，有着这样那样的优点，但是，我却没有足够的耐心为他们停留。我仿佛患有精神洁癖，总能看到他们身上让我失望的那一面，那瑕疵让我毫不犹豫地将一切牵绊弃绝。我常常为此扪心自问，是否因为自己的决绝，给别人造成了伤害？那是我不愿看到的。我的本意不是伤害。因此，我长久地关闭着心门。

直到我看到师兄明亮。

师兄学佛，深入经藏，以净空法师一句“老实念佛”为法门，劝诫同修道友放下轻狂，笃实学佛。他们班中有个旁听生，唤作蓬斗，他每次吃馒头的时候都把馒头皮扔掉，大家纷纷指责其浪费，蓬斗却依然故我，屡教不改。明亮师兄不落一句苛责，捡起蓬斗扔掉的馒头皮，当众咽下。蓬斗深受震动，从此恶习不犯。

我认识师兄十几年来，他不纷扰，不攀缘，不诳语，安静守己，沉默自尊，身边的朋友因他而纷纷学佛。

我因同道而生知己之心，因景仰而萌眷爱之意，因其威仪而愿跟随，因其洞察而著相守。为了他，多年来我写下了大量札记，于瞬间理解了所有渴爱的诗篇。我默守着思念，按捺住如鹿撞般的心灵，不敢言爱，怕扰道心。

记得早在上学之初，我曾写过一个短剧，并拿了自己勤工俭学的钱找同学一起拍摄。大家看了剧本纷纷摇头，表示不懂。一个同学说，你可以找明亮师兄来演，他是佛子，应该明白。这是初闻兄名的机缘。

明亮看完剧本之后对我说，兰若，你知道，有时候，我们的理解会耽误别人。我害怕他拒绝，便说，如果没有人做佛教的宣传，知道的人不是更少吗？师兄说，你打算用这部片子宣传佛教吗？我低头，不能回答。他又说，如果你只是作为自己拍摄的作业，想练习技巧，你可以拍，但是，如果你要作为他用，我觉得可能不妥。

这次谈话，我备受打击。师兄的意思是我尚在迷中，怎能以迷唤迷，更加贻误他人？

八月夜，空荡荡的学生公寓，倾盆的雨。师兄骑了自行车，穿越了大半个北京城，从剧组回来找我。他抹去脸上的雨水，递给我剧本说，我写了些意见，你参考着看。这个我可能演不了，但是我推荐一个人，他比我更合适。师兄又匆匆离去。看着他雨中奔劳的背影，我无言以对。

拍摄开始了。工作比我想象的要复杂艰深得多。摄影师总是在问我，机器架在哪儿？这儿你分几个镜头？你打算怎么剪？能接得上吗？说老实话，我听见他连珠炮的问题，屡次要昏倒在地——刚开始学电影，我哪儿懂得技巧啊？！这时，师兄总能抽了空，带了他的朋友来，有时候换场景，有时候搬东西。他常常沉默地看着我们，在我完工之前悄然离去，让我不及言谢，便影踪杳杳。

我的片子终于拍砸了。看着一大堆素材，我无从下手。录音师开玩笑，讲他们私下里说我是个化神奇为腐朽的“大师”，写的拍的不仅旁人不懂，自己也晕菜。我听后，汗颜不已。这时候，想起明亮师兄的初衷和沉默，我惭愧万分。

此剧之后，我开始努力，再不敢不懂装懂，似是而非。于佛，更加不敢言诠。

我默默地写诗，悄然谛听深夜里有花坠落的声音。我去看所有师兄出演的剧目，拍烂了巴掌，羞红了脸。所有你们在爱的时候干过的傻事，我一样都没落下。我看到曹禺剧目《北京人》里的愫芳说，我爱他，便爱他曾经珍爱过的一切。呜呼，我亦不能幸免。我从画报上剪下他的照片，夹入本中；又怕遗失，放在相框的背后；怕别人发现，又屡次转移。最终不知所终。后来，每每我翻开画报，看见那一页上徒留了文字，便会感慨自己如果不执着，那照片还在，如今，却查不可得！

大学三年级，兄来找我。说有人愿意拍摄地藏王菩萨金乔觉的事迹。师兄推荐了我。我再三推辞，他说，既不妄自尊大亦不妄自菲薄，去做，才知道你能不能做好。受此激励，我发奋读经，七天之内写完《地藏》。交稿之日，我因劳累过度，罹患神经性耳聋。譬如睡眠时，耳边终夜轰鸣不已，仿佛那鲁智深拳打了镇关西，有铃儿钹儿响作一处。又过七天，病痊愈，却留下轻微耳鸣，至今不绝。书写地藏，何等殊胜，我业力所感，竟得此痼疾。于兄，我从未提及。但愿他不知，因怕成惊扰。

我的母亲知道我的心思。一年暑假，我又在北京打工不归，她来看我，与师兄相遇。兄曾经那样恳切地对母亲说，兰若特别好。母亲幽幽转诉于我，我因此恸哭不已。毕业时，我将离校，师兄携净空法师的二十盘讲课磁带赶了来送我，说好好听经，一起进步，咱们结这个缘吧。他什么都知道啊！我这样想着，已经足够惊心！虽情有不甘，也愿深深信受。并无奈叹之：永结无情游，相期邈云汉吧。

如是心态，我耽搁了三年。

我有良友，名经纶。我们两家世交，又因为我们二人同时考学，知道彼此艰辛，所以一直以来甚为投契。经纶考学时，爱上我们的同学沉美。沉美心气很高，然而命运多舛。她的才情大家都公认，却存在致命弱点——考场恐惧症，上场之后从不能正常发挥。经纶较之而言，非常顺利。沉美鄙薄着他人的顺利，在自己的沉疴中随波逐流。经纶因为爱怜她而不舍追求。终于在他们家的努力下，让沉美辗转升学，后来又找到了合适的工作。其中甘苦，我深深知晓。然而尽管如此，两个人恋爱七年，还是终生龃龉。

我还记得，他们分别来找我诉苦。经纶的苦，是因为爱而纵容，却广种薄收；沉美的苦，是因为感恩而爱，却不甘心。我眼见着他们的心里分明是苦，却无能为力。我身边的朋友很多都非常信任我，有时候将

心事和盘托出，我愿意为他们分忧解愁，甚至愿意指出一条康庄大道，大家同往。但是自己尚在沉沦，又有何力量做那摆渡的艄公呢？！

那一年春节，我去经纶家拜年。他的心情刚刚从分手的痛苦中平复下来，他告诉我说，为了爱，他愿意放手，给爱情一条生路。彼时，经纶伤了脚，正在家中养病。我要走了，他坚持送我下楼，就在那个瞬间，我们身后有烟花绽放，那绚美的情景至今历历在目。他问，你呢，兰若，什么时候才能把姐夫带回来？我笑着摇头。他鼓励我说，放心吧，一切都会过去的。这个年过了，我们会挣到更多的元宝，会有大房子住，会碰到好的爱人。放心吧。

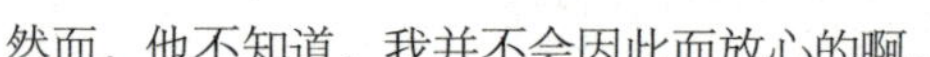

然而，他不知道，我并不会因此而放心的啊。

这个年是过了。但过得让我如此醒目惊魂。

正月十五后的第二天，经纶回到北京，在一个人的夜里，意外死于煤气中毒。

我鼓起所有勇气，经历了大恐惧和不眠的昼夜，代表我们全家，去送别我的好友。

在那个诀别的场合，我看见了沉美。她瘫坐在未亡人的位置上，左手父亲，右手妹妹，口不能言，泪不能滴。很多经纶的朋友无法原谅沉美，走过去的时候只给经纶鞠躬，无人安慰她。我看着那个经纶口中“像雕像一样美丽的姑娘”，有泪飞倾。我把25朵百合放在经纶的胸前，转而蹲下，抚看沉美。沉美认出我来，扑到我的怀中大哭不止。

就在那一刻，我的贪著挚爱之心，倏然猛醒。我爱明亮，是否类似经纶之不舍沉美？并无两样啊。看别人苦，知道；自己苦，却不觉吗？

我曾经幻想把时光雕刻成树，把箴言怀揣在心，希望寄托与他人的心心相印，来成就自己的勇猛之心。这是多么大的颠倒啊。经纶的死，如此猝不及防，催我在昏沉之中幡然醒转。我如此顾惜，却亲眼目睹了失去，若还执迷不悟，那就太辜负了所有的彷徨岁月。

今天我看过往，苦恼和彷徨便是诸佛菩萨送给我的珍宝，它们让我经过它，有所阅历，思之虑之，终有所得。金刚，是需要自己来成就的啊。

四、愿上孤峰顶

我们举家回到故乡太原之后，如瑞师父已经落发出家。我从姨妈的口中，听闻如瑞师父在当年决定落发出家时，通愿法师曾许愿：如瑞妙音，果真愿力能行，我为尔等再住世十年。

那个时候，如师父刚刚从师大外语系毕业两年，在太原一所中学做老师，她是家中独女，感情事业一帆风顺。她的父母虽然也是三宝弟子，但终究对女儿发心落发感到意外。在家里人百思不解、并封存其储蓄之时，她变卖了自行车，准备以微薄之资携上路车票，如约而行。师父的父母终受感化，后来相继出家，成为佳话。

妙音师父出家前是个医生，发心出家后，她的两个妹妹亦先后落发。年龄最小的弟弟也受到感染，亲近佛法，曾经三天背得《楞严咒》，后因家中老父百般不舍，才远赴德国行医。妙师父送别胞弟时，一句“若遇大劫，有谁助念阿弥陀佛”，二人俱洒泪，含憾而别。

如师父和妙师父是我听到的不因挫折而入佛门的大德之一，让我不再以为，大凡为僧，必有隐情，终是消极避世无奈之举。譬如如师父，自如潇洒，大袖飘飘，辩才无碍，风趣智慧。他和妙音自1981年起，随侍通老，由五台南山寺，开始发心修律。年底随通老南下，往四川弘戒，协助通愿法师与峨眉尼师隆莲圆满完成二部僧戒。这是“文革”浩劫之后，中国第一次传二部僧戒，比丘尼严净毗尼的历史

由此翻开新的一页。

此后，辽宁开元普觉寺、山西大同华严寺、五台圭峰寺、陕西终南山大元寺、乾县吉祥精舍，师尊往哪里传戒，如瑞、妙音便往哪里行脚。其间迁徙颠沛，个中滋味遍尝而不退转。

1991年，春节刚过，通老在太原病倒。她因感冒染疾，却现只病不苦之象。大嫂明月是护士出身，天天给通老换药打针，她视通老如慈母，见状不免心酸流泪。师父却说，还记得我当年所言吗？我为律法，有你们弘继，发愿住世十年，如今十年已过，岂可耽搁？知师将西往，明月不禁恸哭。3月6日，通老安详示寂。

通愿法师示寂之后，如法荼毗，获舍利7000余颗。遵师遗嘱，骨灰分作三份：一份洒在五台大白塔周围，以法师慈悲愿力，护持佛法；一份洒在四方朝台路上，令僧俗人等悉踏而上，以消弭法师尘世罪业；一份送苏州灵岩山寺供养。我听闻事迹，心荡神摇。深信因缘际会成，深信有妙不可言。

就在这一年，姨妈发心出家！在我的印象当中，姨妈是个特别慈悲、特别有担当的大护法。她在中医院上班，帮助了许多在病痛之中辗转的人，并一心护法，不言甘苦。当时，她已年近六十，即将退休安享晚年，却因通老之去，敲醒心灵。她后来告诉我说，即终有一死，为何不悟？姨妈出家，震动了我们全家人。我上五台，她和妹妹慈师父挂褡集福寺，披剃如法，诸事亲力亲为，一切从头做起。姨妈落发后，法号“法莲”。我看法师父辛苦受持，常常泪不能禁，哑口无言。这其中苦心深情，大悲宏愿，非言语文字可以表达。

后来，山西佛协欲重建太原唯一的尼众道场宝林寺，法莲师请命住庙，发悲愿，穷其余生，光复道场。我于是得以常去看望，才发现宝林寺在“文革”当中佛像俱毁，徒留殿堂。而那殿堂在法莲师住庙之时，还是大东关街道办事处的所在。墙已斑驳，漆已掉落，市井之人往来喧嚣不绝于耳。法

莲师不以为意，宽厚忍耐，原先对她有敌意的一些人也开始渐渐与之亲近交谈。师父以自己单薄之躯，孤身一人，劈柴担水，做饭洗衣，上课礼忏，读经回向，笃实行之，问心无愧。过往好奇的人见师父一人住小屋，数年如一日，日日精进，很多人感叹生信，来问佛法。法莲师又予人方便，广结善缘。三年之后，宝林寺收回。如今，大殿已修葺过半，琉璃佛像已端坐莲花，经由太原往谒五台的比丘尼终于有了如法歇脚的去处。而法师父依然清净故我，笑声爽朗，步履矫健，一如当年。

记得当年，我考学惨败，就是经法莲师引见，来到普寿。她是我的大善知识，是我头一个要顶礼的师父。她的指点，让我在自己小我的苦痛中看到了大的担当。

那时候的普寿寺还未完全建好，围墙、大殿都未落成。师父们和工人们一起动手，往来劳作。那是我第一次见到如师父。我看见来自全国各地的年轻尼众，在她的带领下深入经藏，安居自恣。大家自己种菜，自己施肥，一砖一瓦，凭自己双手垒建。师父在课堂上殷勤譬喻，常常拿世间诸法来观照经论，每个听闻她讲课的尼众都欢喜信受，如饮醍醐。在殿堂之外，师父却又和讲课时的妙趣横生判若两人，她沉默自尊，进退有序。出家以来，过午不食，卧不倒单，那恪守戒律的威仪风范，仿佛噤声雷霆，让人心底产生极大的震动。

如瑞和妙音因通师遗愿，发心修建和合道场，以供十方尼众，使她们有场可聚，有戒可修。这便是普寿寺的由来。两位师父以通老的教诲为宗，奉行“三不主义”。第一，不收徒弟。以为要维护一个道场，弘法利生，必须海众和合，而收徒易起纷争。第二，不可为自己写传。原因是古人有传，是有修有证，为令后学见贤思齐，促使奋发图强。而法师自谓空消信施，尚不知晓如何酬信施于万一，所谓三心未了，滴水难消。每每思及，惶恐惭愧，故不敢戏论。第三，自己不著书立说。认为古往今来，祖师法语、佛经注释汗牛充栋，只要精心研读，依教奉行，已足够运用，不需要自己的枝末见解，画蛇添足。

20多年来，如瑞妙音担荷律宗家业，无一不是按照戒律而行。普寿

寺坐落五台台怀镇北，不攀缘，不张扬，朴素无华，只为求真。如师父慈悲，授课时讲到释迦牟尼佛圆寂之前，阿难代众问之，佛涅槃之后，我等以何为师？佛说道，以戒为师。并谆谆告诫：“我以不放逸故，自致正觉。无量众善，亦由不放逸得！”（见《长阿含经·卷第四》）

在师父的面前，我是个见威仪起信受的无知孩童，常远隔了山水岁月，看师父动静自如，看悲心尼众向她稽首顶礼，跪倒泥泞，不见污水。但我和师父虽仰慕已久，却缘悭一面。自1992年后，我三次拜谒五台，均未遇师父。当家师妙音告诉我，因隆莲法师年事已高，又患咽疾，不能亲自演说律法，如师父便代为传言，奔波于峨眉五台两地。

1998年，我受台里委派，前往洪灾前线拍摄。就在双流机场的候机大厅，我看见有三位尼师飘袂而来，合十之间，仿佛看见如师父的面容，是她！我认了出来。于是上前深深顶礼，眼泪止不住地掉了下来。师父看我，笑说，模样没变么，小姑娘！久别重逢，竟以这种方式续缘，让我悲喜莫名。原来师父是要转机北京，回到五台主持两天之后的浴佛节。我毫不犹豫，捐出身上所有，说愿为父母供于佛前。师父慈悲，赠我以剔透念珠，佑我父母。我无所能，却愿倾尽全力，回报善缘。

学佛之后，屡上五台。虽未谋面于如师父，却有机会在妙师父的苛责下去除不少陋习。今举三例，见笑于诸位同修。但愿你我可从细微之处，点点滴滴见到精神。

一是吃饭。我曾经在厨中帮忙，可以自己舀菜舀饭。一日，有西芹煮花生，我不喜花生，只爱西芹。舀菜时便哆里哆嗦，西芹留在勺中，花生尽落。不料竟被妙师父撞见，她问我：不爱吃花生吗？我唯有呵呵笑。她又说，你不爱吃的，都留在锅里，别人怎么办呢？大家都看向我，我羞愧难当。赶紧不加分别，猛舀几勺。师父却又说，你吃得了那么多吗？吃得了就好，吃不了可不许倒饭，倒饭是大浪费。我唯唯诺诺着，不知道如何是好，师父却走了。那一个下午，我捧着满满一碗西芹煮花生，想着自己的分别心，想着自己的贪心，想着……

二是睡觉。我平时并非嗜睡之人，但听说尼众律院戒律严明，夜里十点休息，凌晨两点云板就响，白天只有半个小时的静休时间。头一天，我为表学佛决心，几乎不睡，挨到两点，第一个起床，三点钟上殿。却又因不懂早课内容，浑浑噩噩跪到五点，已困乏不堪。第二天，我酣然入睡，睡梦中简直是露出了甜美笑容。如是三天，其他老居士见我昏沉，唯有叹息。一天，似乎明媚阳光已然普照，我还在房中贪睡。突然，耳中分明响起：一天能有多少时间，都睡掉了，昏沉掉举，都是习气啊。有点时间，为什么不多学习，多和善知识亲近，多听闻佛法呢？全部睡掉了。我的耳根发了烧，睡意全消。起身推门，只看到妙师父远去的背影。

三是偷盗。这里说的偷盗不仅仅是盗物那一层意思。我在普寿寺，不是所有的课都能听。以我在家人的看法，觉得不都是上课吗，为什么有的我还听不了呢？似乎不公平啊。这里面我不仅起了嗔心，还有怀疑。沙弥尼们下了课，我找到相熟的尼师，再三央求，让她把笔记借我一看。尼师无奈，只好借我。我翻开一看，原来师父讲的是戒。那戒律是如此之多，如此之细微，让我非常动容。我心钦叹，立即开始抄录，觉得如此难得，一定要学。就在这时，沙弥尼领着妙师父来找我，妙师父严厉地告诉我，这是犯了盗戒！何为盗者？不为你所有的，巧取豪夺。修行者讲次第，不受戒者不守戒，如果越了这个次第，盲修瞎练，不仅坏了律法，对自己学佛之心，也容易起大执着。

我在妙师父面前，常常为自己不经意流露出来的习气感到羞愧。在她那里，我头一次发现自己竟然浑身都是毛病。但我有知耻而后改的勇气，我愿意修正自己身上的这些问题。我常常想，终有一天，我会成为

一个真正的赤子，站到佛的面前，无比纯正，晶莹剔透。我热切地盼望着。

我在红尘里行路，有着自己的负累和任务。很多时候，律宗尼师们带给我的一切成了我灵魂的一个烙印。虽然这身躯被万物被缘法暂时役使着，但烙印不会消失，它将永在。它告诉我，吾师们勇猛精进，直上孤峰顶。在那风卷云舒的天之尽头，有莲花灯座千万朵，朵朵曼妙，洒下世间。我是后辈，笨鸟一只，虽不擅飞翔，却愿跟随，慢些迟些，终将展翅……

行至文末，要谢谢佛子在线，谢谢斑竹菩萨，因为你们的鼓励，我才鼓起勇气，把自己的所谓心得悉数道来。但愿我的片言只语，能带给大家清凉感受，而非疑惑困扰，但愿这些文字不至于帮助他人，但也不要耽误他人。如此，我便念佛称谢了。

最后，我把普寿寺尼众们唱的一首歌附录于此，把我所得回向给所有愿意觉悟的同修佛子。兰若与你们合十了！

点一盏明灯

点一盏明灯
燃希望之火
照亮黑暗的每一个角落
远离迷茫
解开疑惑
海天任遨游
阿弥陀佛
阿弥陀佛

点一盏明灯
燃希望之火
欢喜自在心开阔
不沾尘埃
菩提静坐
开莲花一朵朵
阿弥陀佛
阿弥陀佛

上善若水

——与如水说病

病只是劫难的皮囊，病的反应是你在悟和不悟之间举棋不定的踱步。你若经由你的病而摆脱你的困扰，你对此病的免疫力将从此记录在案，永不反复。

听见你的声音远远地从故乡而来，由你自如的笑声，仿佛看见你内心曾经辗转的泪水。我的心在你的劫难中起起浮浮，暗暗翻浪……

我12岁的时候，住在青羊宫外的省人民医院里，因为血崩，因为淋漓不尽的青春期。我独自睡在儿科的病房里，不定期地经历着骨穿、输氧和人们诀别似的探望。

那是春天。青羊宫外，有树影摇动的声音轻轻传来，我静静地躺在我的船上漂流，看窗外春风沉醉，树叶儿摇摆。夜很深的时候，年轻的川医实习生就会来到我的床前，说你有什么不好，就按床头这个红色的铃，我们就会来，你可千万别害怕啊……

因为误诊，我的病情诊断越来越繁复，忧心如焚的爸爸妈妈终日强颜欢笑。我闭着眼睛，听自己的呼吸舒缓轻绵，它们还在着，我无比感恩。渐渐地，那一张一弛的节奏急促起来，我惶恐地睁开眼，漫天的黑暗于瞬间席卷着我，我抓着被角，看不见光明。有谁来帮帮我呀？我绝望地与病哭诉。

我想起后来曾经做的一个梦。梦见古希腊的斐赖城里，天神要选择五个人作为祭品，这样全城百姓就可免去灭顶之灾。所有的人都在城中徒劳地躲藏，只有我——阿尔克提斯，斐赖王国中的主母皇后，没有爱情的美丽女人——在城中自由地游走。我亲眼看见两个于觥筹交错间掷杯飞奔的灵魂，被宿命的手掳去，没有鲜血溅飞，在他们的身上，只留着整齐干净的切口。

我微笑地从他们身边走过，天神问我，阿尔克提斯，下一个可能就是你啊，你还能这么微笑？我脚步不停，心神纯粹地对他说：父啊，把我的命拿去吧，她原本就不是我的，你若需要就拿走好啦！天神良久地看我，他说你会是我的输家，因为你没有经历爱情。于是，我的爱情在我死亡之前翩然降临。那是太阳神阿波罗，他清俊自尊，沉默寡言。我与他双手相握，指法变换。让这一切都停下来吧，我充沛的情愫因为爱情得以提升，企求永恒。

你知道，这时，天神又来，他微笑地擦去我的眼泪，说我的孩子，你恐惧什么呢？抱怨什么呢？人生的苦和短历来都在的啊，它并不因为你没有爱情就缺席离座，也不因为你在爱着就不如影随形。不要跟我说你对你的生活缺乏准备，准备在时刻须臾，你不能掉以轻心。

梦醒之后，我仿佛度过了一生。我对那困扰我的呼吸不再关注，那是瞬间觉悟的体验——一呼一吸，它都自然地在着，它不因为我在观察它就真实地运行，也不因为我不理睬她就停止工作。它的在与不在与我的意识无关，我在呼吸之外自由地来去，永久地生存。

如同顺流而下。在有形的沟沟坎坎中，你若随顺自然，会发现在自然的上面，你的灵魂在快乐地舞蹈。

病只是劫难的皮囊，病的反应是你在悟和不悟之间举棋不定的踱步。你若经由你的病而摆脱你的困扰，你对此病的免疫力将从此记录在案，永不反复。如若此病，来时便来，去时就去，你只是经验，并未知觉。那么，如水啊，病将再来，反反复复，生生世世。什么时候你知觉了，超脱了，它便不再成为你的劫难，你在它面前将无往而不利。

上善如水。你是水中安静开放的莲花。当爱情已来，夜幕摇落，你的清香幽幽远远。病只是夜里的微风，轻轻徐来，水波不兴。但愿莲花瓣瓣，随波逐流。我是小蛾，化蝶而行，愿意随你，上下翻飞……

注：如水是我在网络中的一个朋友，因患病而戒网，后来再无音讯。在这里依旧要深深地祝福她。

花若离枝
——与可可说别离

别离使我们的心灵迅速成长，不再陷于不能相守、没有永恒的泥淖之中。它让我们彻底地觉醒什么是真实的存在，什么是虚幻的未来。

我在高中的时候，有一个女同学叫流光，她死于一场车祸。死的第二天，是她18岁的生日。在最初的一个月里，班上的同学以各种各样的方式热烈地议论着。大家对这样的离去充满了关注。悲伤不能说一点儿都没有，但那只是个别人的感受。更多的人都是披了悲伤的外衣，津津乐道于她死时的惨烈。毕竟，这世上苟活下去的幸存者是大多数，而意外夭折的黑发人寥寥无几。

终于，话题有谈厌了的时候，一年一度的艺术节要来了，年少的孩子们匆匆忙忙地丢掉了“悲伤”，穿起节日的盛装，花红柳绿地迎接即将到来的盛典。

不瞒你说，我对这件事情和这件事情所引发的人和事，长久不能释怀。

在我的生命体验里，只有死亡，能让我有耐心停留。我久久地观察，想探究在时间给予我们表面生活的背后，隐藏了什么。

时隔这么多年，我仍然对生死别离耿耿于怀。我清楚地看到，在我追究和探问的过程之中，更多的时候是挣扎，是无法平静，是茫然成惧，是握拳成空。

但是可可，我并不因为这熊熊的生命炼狱之火而颓废，而沉沦，而停止探究。在我们大家都希望拥有，都希望长相守，都希望生生世世约会的时候，我看到了别离之美。

因为有了生别离，生活不再显得漫无天日和度日如年，它让时间变得有意义，有存在的价值；它让我们知道一切都有期限，无论人，无论事，他们的出现、陪伴、相濡以沫及决然离去，都是有日可待的。

因为有了死别离，生命不再是琐碎的、啰嗦的、纠缠不休的。它让我们懂得了平等的概念，知道无论你是曾经幸福地爱过，还是艰难地苦过，无论你一辈子是飞黄腾达，要什么有什么，顺利得一塌糊涂，还是你终生都穷病愁苦，哭天天不应，坎坷得举步维艰，你都得从人生的宴席上抽身退步，在你无比清醒而不舍的时候说永别。

因为有了爱别离，感情不再是简单的游戏，它让我们明白什么应该珍惜，什么应该舍弃。爱的时候我们如同饮下了这人间最醇烈的美酒。与爱别离时，无论是因为爱已褪色，还是由于爱已消亡，我们都会为曾经有过的炽烈平和的感情心存感激。

因为有了恨别离，我们的负担终于有了

卸下的可能性，那让我们久久萦怀的刻骨情愫，随着这别离成为面目可笑的记忆，让你深味“你眼前看到的一切均是假象”这句话的深刻含义，在你与你的恨冰释前嫌的那一天，你会发现原来你以前做的很多都是浪费……

别离，让我们逐渐地、不得不地，学会了把握相聚的此刻，它强调了一生只有一次，来生你已是他人。别离，不是为了再相见，它在警示我们相聚只有一次，过时不候，时不再来。

别离使我们的质量变得敏锐，不再愚钝地在纠缠中休养生息，它让我们看到我们所有的亲密爱人，包括我们自己——终究要先后离去；我们亲手种下的一草一木，我们曾经漫步的田园山林，都会成为别人身后的景致，而不再属于我们。也就是说，它会让我们对万物的执着产生一个最根本的观照，那被我们一直看作属于我们的东西（或人/或情感/或大千世界一丝一毫），真的就属于我们吗？你要在这时深深地自问！

别离使我们的心灵迅速成长，不再陷于不能相守、没有永恒的泥淖之中。它让我们彻底地觉醒什么是真实的存在，什么是虚幻的未来。那曾经困扰我们的，让我们日思夜想的，苦苦留恋的都将会无情地退席。

大家都是背负了自己的愿力和业力，来这世间游走的，每一个人都有自己的任务和作业。相聚不是我们来的目的，是我们来的遭遇——经由相聚，我们在逐步地完成自己，成长起来，然后分离，有早有晚，各奔东西！

别离，不是消极的、悲伤的、痛心疾首的；相反，她是勇敢的、坚强的，它是浴火的凤凰，在煎熬里百炼成钢，在九天里骄傲地飞扬。

那所有和我们打过招呼的生命，包括父母、爱人与儿女，包括房屋、板凳和桌椅，他们都各有因缘，自由来去！认识这一切，放下对

他们的苦苦执着，微笑地珍惜地面对每一个在和不在的日子，看时光荏苒，我们依旧敦厚纯良……

可可，我说不好别离，她是那么的深切，但我要告诉你，不要悲伤，悲伤不是别离馈赠我们的礼物。

你有听过苏芮的那首闽南歌儿吗？《花若离枝》。歌中唱道：“花若离枝随莲去/搁开已经无同时/叶若落土随黄去/搁发已经无同位……”我这样理解：花若离了枝桠，很快会随风而逝，来年再开时，不会再是原来的那一朵；叶若落下，也会化作了春泥，来年满树春绿，亦不会是那同一片绿叶。生命中最美的姿态，与感情里最美的时机，总是稍纵即逝的擦肩而过，就这样擦肩而过！

所以，珍惜现有的一切，善待你已得到的，感激生活不仅赐予你健康，还赐予你敏感而智慧的觉察力。好好地过下去，等待你的生命慢慢显现它本来的面目，是你不辜负别离的最好的方式。

让我们一起努力吧。

望穿秋水
——与玫瑰说等待

要知道，这等待绝不是白白地来的，她有她的用意和使命，她希望用时间来让我们发现、历练、知足和感恩。你做得越好，你煎熬的时日就越短暂，你离幸福的边缘就越接近。

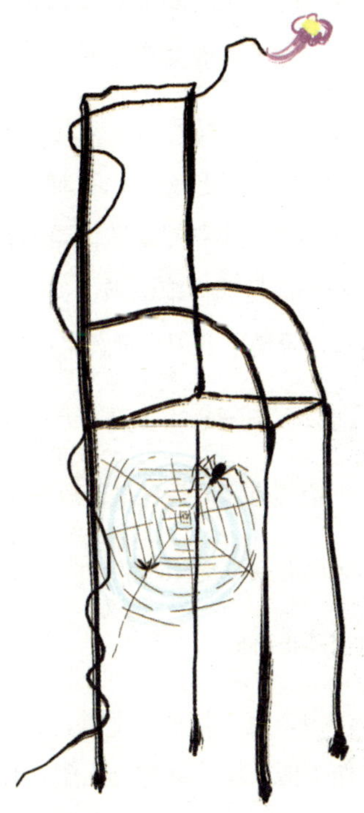

如你所知，有时候我们等待得几乎绝望。

我们怀揣了少女时代最纯粹的梦想，静静地深深地，在我们的爱人的必经之路化作了一棵含羞草。我们希望与那个注定要与自己爱恨纠缠的男人激情相遇，希望他以为我们的等待是最无心机的呼唤，希望他会惊喜于我们的芬芳和美丽，希望他能在偶一回眸的刹那，对默默的心甘情愿的耐得寂寞的我们露出疼惜的微笑。

他只要用心地看一眼，就知道上天给了他怎样一份华美的厚礼。那个生来就为寻他的女人，在经历了无数诱惑和追逐之后，纯洁依旧，明

艳依旧，在春去秋又来的年轮中，守在他必经的路旁，几乎望穿了秋水。

我们的坚定来源于对自己的信任，而我们的动摇是因为我们怜爱了这虚度的光阴。

有时候我们因为等待得太久，会想到放弃，会暗暗地叹息，会在孤独袭来，苦难压身的寒夜，想在别人的怀抱中找寻温暖。是的，是这样的，我们的心灵是那样地饱满、美好而脆弱。我们是多么的希望幸福不要那么吝啬，爱情不要那么姗姗来迟！

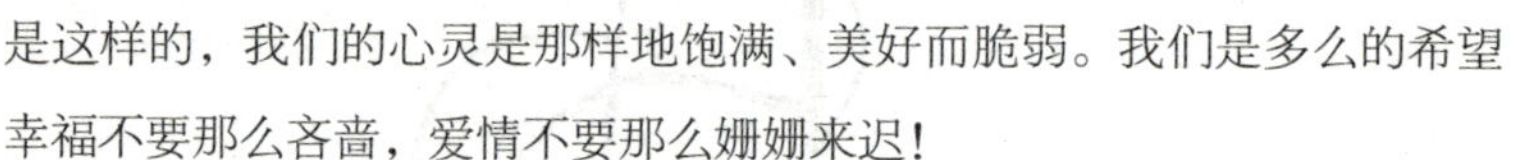

让我们等，可以，但不要让我们等太久啊。

玫瑰花开了，希望有人闻香识她；玫瑰花谢了，希望有人守护她。

这是多么单纯而朴素的愿望啊！

但是爱情迟迟不肯降临。

有人是曾经沧海，有人是过尽千帆，有人种了柳树却开了桃花，也有人望穿秋水化作了望夫崖。就像这人生，我们在丰富满足的盛筵上停留的时间只是一瞬，而我们用来准备和等待的枯燥日子几乎占去了我们的一生。等待如同昨天的藤蔓，慢慢地爬满了我们的青春；又如今日的皱纹，悄悄停停地落在了我们的眉心。

有时候，我们会假想他已然到来，我们在他宽容的怀里恸哭，埋怨他为什么不在我们最动人的时刻出现，埋怨他的迟到，埋怨他的几乎错过的回眸。我们把在路边静候的一切委屈化作了他怀抱中的一场梨花雨。而就这么一点点泪水，便可以滋润我们因久等而近乎干涸枯萎的心，就可以让我们忘记了在那等待的漫长岁月中，我们因为等待而遭受的一切苦痛。

我们是那样地容易满足，那样地容易平和起来，那样地敢于面对和承担并无太大变化的未来。而这一切的轻而易举，只是缘于我们等到了自己最灿烂的爱情。

所以，仅仅是因为将来那么痛畅淋漓的一次哭泣，我们不能浪掷；也仅仅因为假使我们再等片刻，那个要露出会心微笑的少年就要到来，我们不能放弃；还仅仅因为我们的心绝不会因为等待而死亡，我们不能动摇。

并且，玫瑰，让我们少安毋躁，让我们静下心来，让我们不再关注等待的结果吧！然后，在这天赐的等待中，观察我们真正的需要，欣赏我们心灵的舞蹈。

要知道，这等待绝不是白白地来的，它有它的用意和使命，它希望用时间来让我们发现、历练、知足和感恩。你做得越好，你煎熬的时日就越短暂，你离幸福的边缘就越接近。在此时，你会真正地知道，原来，幸福的含义并不只是爱情。

爱情只是我们等待的一个借口。更重要的东西因为你的洞察力逐渐显露出来，它们才是你望穿秋水的唯一的理由。

在你为你的意外获得会心微笑时，你会更加意外地看见，那被你朝思暮想了整个青春年华的少年正在你的面前，他轻轻地俯下身来，对你说，我知道你啊，玫瑰，我一直在你的身边，从未稍离……

让父母流浪的心
得到安顿

物质再丰富，终有衰败的一天；身体再健康，终不免一死啊！让他们流浪的心得到安顿，才是我们最好的孝道。

我的爸爸妈妈，和万千为人父母的普通人一样，他们都非常善良。

母亲从小身体不好，数度死里逃生。父亲16岁便举世无亲，成了孤儿。他们两个人，都曾经深味苦难的个中滋味。

善与苦劫，是父母接触佛法的资粮。也是我能够和二老真心、倾心交流的基础。

我学佛以后，改变很大。原来的愤世嫉俗和爱走极端都得以逐渐修正，心肠变得更加坚忍。并且，能够经常反省，改正自己的诟病。父母看到我的变化，时常慨叹，觉得他们做不到的，我竟然可以做到。我告诉他们，如果我变好了，那是我学佛的所得；如果我还有劣根，那是我学佛还不够究竟。

母亲体弱，对某些自称修行者的人表现出的邪见、外道作为乃至炫耀神通，都心怀恐怖。我转述印光大师的话说，只看好样子，不看坏样子。做好自己的事情，不要随便评判别人。并告诉她，佛有八万四千法门，总有一样适合您。我给妈妈介绍了净土法门，安全稳妥，殊胜方便。一句“老实念佛”发心纯良，回向众生，不贪功德，不为己求。老老实实，有空就念。妈妈觉得受用，开始接触。

母亲随我学佛后，父亲常常不解，很多时候忍不住出言不逊，甚至诽谤。

我也曾为此苦恼。常常念佛，回向给父亲。

后来，我发现，父亲观察万事都从辩证法的角度，而对其他很多门类的思想都不甚了了，他有时候对我说，你可以讲讲你的那个迷信是怎么回事么！我笑，说爸爸你一定了解大道相通，人类在自身的发展史上，从来没有放弃过对真理和本来的追求。我们不应该只知其一，不知其二，戴着拒绝了解的眼镜去看待智慧的存在。纪伯伦说过：如果你不把自己的杯中水倒出来一些的话，又怎能容忍新的一滴水呢？

我问父亲，你说佛教这个那个，那你看过佛经吗？哪怕一本？你理解为什么几千年来，佛教能传到今天？并且，有那么多您也认为是智慧的人，杰出的人，脱离了低级趣味的人，纯粹的人（父亲比较赞赏弘一大师和赵朴初先生），他们阐扬佛教，身体力行，难道他们也是一时的迷信吗……如此云云。

我给父亲找来了一些小册子，跟他讲，知识分子和老农最大的区别，就是知识带来的贡高我慢，不能够真正的虚心。但愿他能在实在无聊的时候，翻翻这些小册子。

诚如你们所料想的，父亲刚开始是不看的。

我所知见也很有局限，但有佛菩萨加持，我常常做了功德，回向给父亲母亲。渐渐地，父亲由最初的完全排斥，开始有沉默倾听的时候。有一次，我问他，爸爸不容易，一辈子吃了很多苦，少有亲人，多有磨难，这些经历是怎么来的？为什么我们每个人都要面临同一个问题——生老病死？活着，究竟为了什么？有什么意义？为什么我们每一个人，都不知昨天和未来地活着？为什么大家要排着队出生、成长、恋爱结婚、老乃至撒手西归？父亲很慈悲，他真的能虚心下来，沉思，反观，回顾。

实际上，我并不常常跟父母说佛的事情，我看过《大话西游》，那个“话痨唐僧”给我最大的启发，就是多说无益。就像我很少跟我生活中的朋友谈佛论道一样。我的原则是，不强求任何一个人，因为你的说教，可能颠覆他们原来的世界观。世界观是需要自己去建立的，是需要自己不断地闻思修，一步步地来做的。

我从大学时代至今，经历了很多考验，我努力地把自己的事情理顺做好，这里面有我不断学佛，不断规避自己的所得。这些，父亲怎能不看在眼里呢？行动，比语言更有力量。直到有一天，我看见我的父亲，伫立在我的书架前，戴着副老花镜，认真地读经……

那个时候，你可以想见，我是多么的欢喜。

后来，父母主动在家里设了佛堂。供奉了释迦本师。母亲养了花，供了清水。过年回去时，我看见老父跟在妈妈身后，也认认真真地上香，行大礼叩拜……

内心的安宁可以驱赶所有此生的阴霾。

很多时候，我对母亲不是很担心，虽然她的身体一直以来就比较孱弱，命运也多坎坷。但是，她与生俱来的亲佛之心和柔软的耳根，都让我知道，她在关键的时候能够照顾自己的心念。唯独父亲，我不太确定，他是否能有自己的机缘，打开心灵之门。

我在北京念书的时候，生活非常拮据。曾经有过那么一次，还有3天才到月底，我却没钱吃饭了。对于我来说，艺术院校昂贵的收费，每个月看电影买书的花销，都让我这每月300元的生活费显得捉襟见肘。我避开午饭和晚饭时间，想象着自己可以尽早地摆脱对父母的依赖，有朝一日能够自己挣钱养活自己。如是，竟然饿了3天。

后来父亲出差来看我，我跟他提出来，能不能每个月再给我添200元钱？他为难地告诉我说，父母的工资加起来只有1000元，院里现在排队买房，已经很紧了。我于是抱怨，为什么不能等我长大，来北京和我一起住大房子，为什么非要在太原的那些小房子之间挑来挑去！

我似乎说了很多，直到我发现父亲不知何时已经离开。

我去找父亲的时候，和父亲同屋的叔叔好心地告诉我，你是不是气你爸爸啦，他回来连饭都没吃。叔叔走后，我向父亲道歉，父亲只说了一句话：爸爸无能，让我的孩子受苦。然后就流了眼泪。我看着养育我的老父被我逼得说出这样的话，心疼非常！

我长这么大，只目睹坚强的父亲三次落泪，第一次，是把夭折的妹妹穿过的小衣服扔进青衣江时的黯然；第二次，是看见我考学四年后终于叩开大学之门的感慨；第三次，竟然是因为我的锐利的抱怨和伤害！这是我完全不能宽恕自己的一个记忆。

那次之后，我改变了20年来衣来伸手，饭来张口的习惯，开始勤工俭学，开始头破血流地在社会和学校之间寻找生存的缝隙。很艰难，很劳累，但是无愧无悔。

在大学期间曾经看过的《基督最后的诱惑》一片，有句台词说，折磨肉体以解放心灵。这句话，被我在那困顿的生长期再三深味。我曾郑重地对父母说，我一生中，没有更重要的事，就是为了让父母的心得到最好的安顿。我若行走天涯，那么裤腰带上也要别着爸爸妈妈，左边一个，右边一个，不管你们多衰老，都不离不弃。

工作以后六年，我结束了在办公室的沙发上睡觉的历史，告别了三个月一搬家的漂泊生活，终于有了自己的窝。

这个时候，我听到了父母相继病倒的消息。妈妈是一贯的基础病，高血压，糖尿病，心慌气短；爸爸照顾她，自己却昏倒，查出来是颈椎病。他们乏人照料，而我水远山长。等到我知道他们生病的情况时，母亲已经出院，他们嘱咐我们家的亲戚，说不要告诉我的女儿，她是个苦孩子，没有那么多的心可以操。

我大恸不止。

是的。我的能力有限。万事刚刚开头。但是，回望所来径，那歪歪斜斜的脚印，哪一步不是父母的悉心呵护，才引领至今呢？我没有别的奢望，所有一切全部都可以扔掉，只要能报恩父母，就不遗憾。我去诸佛菩萨面前发愿，希望能够给予我力量，希望能接来他们，能安顿他们。我如此笃定，如此痛切，如此挚诚。在我发愿后的一年里，善愿所形成的旋涡将我的生活包裹起来，每一天我都被这种力量所提醒，所眷顾。然后，我竟然就实现了这个愿望。

我的朋友曾经说，和父母最好的距离，就是一碗汤的距离。不在一个屋檐下居住，各有各的空间，却又不远，能够照应。你在家里做好一碗汤，送到父母那里，不烫，未凉，正好喝。而于今，我竟然实现！

也就是因为这个善愿，让我的父母终日感恩莫名。他们仿佛有使不完的劲儿，想帮我做点什么。我失笑而忐忑，跟他们说，我做儿女的，孝敬父母是应该的呀。不要说感谢。父亲说，可是，我和你妈妈住在这个宽敞明亮的新房子里，就是想感谢啊，怎么办？我含着眼泪告诉爸爸，如果有赞美的话语，请赞美三宝，如果有感恩的心，请奉献于佛前。我若不是因为发了大愿，感动诸佛，怎能有接踵而至的满愿之事。而我们的相聚并非为了这短暂的欢愉，是为了彼此的真正解脱。我这么说着，那两位老者都肃然了。

记得我曾经在写给一位朋友的信里说：父母，我们要给他们最好的安顿。这安顿不仅仅是眼前能见到的物质的保障，身体的尽量健康。这些都是无常的啊！物质再丰富，终有衰败的一天；身体再健康，终不免一死啊！让他们流浪的心得到安顿，才是我们最好的孝道。

我父亲是孤儿，几十年来没人敢问、敢安慰他的伤痛。他曾经和我开玩笑说，你是个有福气的孩子，父母双全，在有能力孝养双亲的时候，父母还很争气都健在。就是不知道我的爹娘去了哪里，现在连坟都找不到。我听后，伤心得很多年都睡不稳觉。

直到我遇到师父，告诉他我想让我的爸爸知道答案，知道他的父母去到了哪里。师父说，去读《地藏菩萨本愿经》吧，那里面有答案。由

是，我们全家开始持诵。由是，我们看到了婆罗门女、光目女这两个地藏菩萨的化身，她们皆因挚爱她们的母亲，以女身发愿，由救度自己的父母而生发出救度全天下父母的大愿。看到女性的力量，看到孝的力量，而这些力量，使小我的苦痛已经变得微不足道，心量的扩大和广博使得天下人的苦痛可以尽担！

父亲从此真正开始拿起那厚重朴素的经书读诵。

我们三人，虽有长幼之分，父子之辈，却日益如同知己朋友，能够平心倾谈，能够共同担当。

学佛之后，再有病，不觉苦；学佛之后，纵分离，不伤悲。学，而后行，且笃实行之，则此生无憾事耳！

现在我唯有无尽的感恩。感谢三宝的加持，感谢一路上的荆棘丛林，感谢不曾改变的真心。

愿普天下的父母亲能够安心，能够因为我们学佛，得到清凉和喜乐。

恰如其分，恰如其量，莫名其妙，莫名其美
——关于因缘的断想

仿佛在需要救命稻草的时候，佛法是解药；而时过境迁的当口，便可以束之高阁，甚至弃之如敝屣。可能很多人都是这样与佛法一再谋面，又一再擦肩的。

一、我自己

2004年5月，我们七位同修，受三皈五戒。这里面，除了我的爸爸妈妈以外，其他人都是第二次、甚至多次受皈依。

这个因缘，于我，很难得。

1992年，在我孤苦无依的青葱时代，我第一次来到法源寺，把这颗心交付给三宝。那个时候，佛教对于我来说，既不是智信，也不是正信，而是个寄托。

的确，我毫不讳言，是寄托。在一个年轻的生命当中，如果成长

是遍布疮痍，举步维艰，甚至是亲身体会到命在旦夕时，假若再没有寄托，那么是很难活下去的。

当然，这不是唯一的路。寄托对于苦孩子来说是救命稻草，而对于锦衣玉食惯了的人们来说，是一件费解的事情。同理，忆苦思甜更是这样，并不适用于所有人的缘起。

那时我对自己说，我这个人，是一脚门里，一脚门外的。我的皈依，是为了让自己受到命运的关怀，是为了了解奔波的含义，是为了找到安顿肉身的方法论。假如，让我这有限的眼界，睁开眼睛只能看到眼前240度范围的局促眼界，看到了谎言和欺骗，那么抽身退步是毫无疑问的。

有寄托，却有距离，这是我提醒自己的紧箍咒。正是因为不愿意盲从，才保持的客观距离。

1992年，我正式皈依了三宝。

彼时情境，真的很像电影《少林寺》里面对白，问什么什么戒，汝今能持否？

师父详细地讲了三皈依和五戒。其中，讲到尽形寿，不饮酒，汝今能持否时，我沉吟了。不杀生、不偷盗、不邪淫，不妄语，似乎都能做到，可是，尽形寿，不饮酒？我的天啊。从小就和父亲如同兄弟般地对饮，这心性当中那驰骋的豪爽和肝胆相照，让我怎么可以罢酒不饮呢？师父讲，要老实检验自己，能持的就说能持，不能者则默然，不可以不能者却说能持，若破戒即为造业。

我想了又想，觉得酒戒不能持，我的酒肉朋友很多，觥筹交错是真实的需要，我是女侠，怎能装模作样？！于是，那一年，我只受四戒。在酩酊中行走于山门之外。

二、雷梵

刚刚开始学习佛法的时候，应该说，我是一点都打不起精神来深入经藏的，我无数次勉强自己读经，无数次在经文面前昏死过去。可以说，很长一段时间，佛经跟外语磁带一样，对我都能起到快速催眠的作用。由于不能管窥佛法的富贵，所以长期以来我只是在和自己喜欢的道场及师父接触熏习。对我来讲，他们的言行比经典来得实在、浅显、打动人心，也不至让我在经历和目睹的正在进行时打瞌睡。

那个时候，我大学里有个师弟，叫雷梵。他是苏州人，父亲是无神论者，母亲是基督的子民，姐姐对伊斯兰教怀有好感。家里复杂的世界观局面令他对信仰非常反感。当他听说我亲佛后，竟找上门来要与我辩论。我除了讲讲亲身经历外，对佛法的大义可以说完全是门外汉。而简单的，又没有耐心去讲。或者说，因为没有真实体会，所以即便讲，也觉得障碍重重。更何况他竟然问我唯识和因明，这太深了，我一窍不通，听见都要昏头，怎能以己昏昏，令人昭昭呢。我跟他说，我不能跟你说佛教是不是迷信，也不能给你证明你上辈子干过什么和下辈子打算干什么。我唯一能做的，就是带你去我亲近过的一切道场。要提问，你去那里提。他答应了。

三年的时间里，我们把北京的寺庙几乎跑遍了。后来，还去了五台。而就在这个寻访的历程里，我看到了我和雷梵完全不同的人生轨迹。在居士林一起听黄念祖老居士讲课的时候，有同修问雷梵是否知道还有一个五明佛学院，是否知道那个地方叫色达。他兴奋地跑来跟我说，北京的黄寺就是藏密的佛学院，那里有来自色达的人，问我要不要同去请教。因我自己根性的缘故，加上对神通密意的敬而远之，最重要的，是我的因缘准备还不足，所以我告诉他我不去，但我随喜你的前往。

雷梵是学校里第一个去色达的人。

如果没有他，索达吉堪布不会有一个叫作巴丹赤诚的弟子，如果没有他，色达不会涌去那么多学电影的人。如果没有他，电影学院和北师大不会有那么多的人开启法旅。这是蝴蝶效应。蝴蝶引起了海啸，世界是普遍联系在一起的。不是有人说吗，我们都是地球的一部分。我甚赞同。

而在他毕业的那一年，所有的人都去了对口单位实习，只有他，去了一个谁都想象不到的地方——八宝山。

是的，雷梵像我认识的很多江南男生一样，他瘦弱，清秀，说话的时候腼腆，紧张时手指头会不停地划圈圈。他去八宝山当了个搬运工。这个让大家避犹不及的晦气工作，他竟然干了三个月。他每天都会遇到横死之人，于最近的距离体会着生命无常的真谛。而不可思议的是，最后一个被他搬运的竟然是当时广济寺的方丈。他后来告诉我说，师父真的是和别人不一样，头顶是暖的，身体非常柔软。

说实话，我理解雷梵去这个令系里老师哭笑不得的地方实习是为了锻炼增长白骨观，我也钦佩他的胆大。但是，我不可能这样去经验。甚至于当时，我也是一边持咒一边听下去的。

我知道很多修法很好，但如果我没有发心，或者发不起来心的时候，我只能走自己的路。

雷梵突飞猛进地进步，身上越来越有修道者特殊的气质，那种果敢坚定和善良慈悲，影响了太多的人。而最初他却是以争辩的心来接近佛法的。这前后因缘的发展是我最早不能料见的。他那个原本已经世界观错综的家庭，因了他的信仰的确立，得以百花齐放，也该是他们全家所不能料见的吧。

后来我有幸向一个老和尚请益，老和尚淡淡地笑说，不要担心诽谤和轻慢。佛教从来都不是在一片赞扬声当中成长的，赞叹、诽谤和轻慢都是逃不开因缘法的。

现在我才知道，这个话，需要我反反复复地去领会。

如今，远在大洋彼岸的雷梵，时常会E-mail一些好的学修文章过来。我读着，看着，亦微笑着。彼岸花开，真是恰如其分，莫名其美啊。

三、青茹

青茹，曾经最好的朋友。我是那么欣赏她，敬她，怜惜她。

所有在学校见识过青茹的人都会说几个跟她相关的段子，那大抵是对她苦恋、曾经不合时宜的穿着和她逼人的才华产生的复杂情绪在作怪。他们笑着，也在口口相传当中树立她的传奇。

我向来对滥竽充数、无病呻吟缺乏耐心。但我敬重一切真实的才华和真实的情感。

青茹她过目不忘，脱口成诵。她笔力犀利而细腻，恣意而华美。她的行文如有神助，比艳词要端严，比聊斋要瑰丽，比呼兰河的女儿萧红要大气。

还记得她爱他。那个信基督的男孩。他英俊沉默的面庞没有尘烟，他洁净安宁的心性吸引着才女们。她每天用一个典，写一段她心里的情书。应该有将近六年的时间，她的文字和她无望的爱，天下人尽知。她给我看这些札记，我屏息，不敢落泪，心痛异常。

在我们结伴成长的四年里，我是她爱情的听众，在她激烈的抗争和追问里，我是她默默的同伴。

而信仰。是不开口的。

敲门，门会开。询问，才会有答案。

没有需要，只会擦肩。

青茹开始亲佛，是在毕业后，听说他彻底地离开。那个时候，她跟我说，她有个邻居哥哥在教她学佛。但是她告诉我，他说自己是十地以上的菩萨，是某佛的转世。

也许，青茹希望跟我交流，但我听后却如同骨鲠于喉。我给她推荐了《楞严经》。让她看五十种阴魔的界定和特征。大凡自己宣说所谓密意的人，如果你不能判断，一定要远离。而如果学佛从神神秘秘处学，那很容易会被好奇心和无明牵引到恶业的深渊。

我尽自己的微薄之力，告诉了青茹。然而选择还是在她。她沉默了，将信将疑。

这之后应该过了不到两个月，一天晚上，她打了车，精神几乎崩溃地来找我，告诉我那个哥哥被逮捕了，因为他犯了大罪。他的事情轰动了整个城市。我找不出更多的话来安慰她。语言在那时是空洞苍白的。

稳妥的方法有没有？有！

千万条稳健光明的大道就摆在那儿。但是我们就是喜欢铤而走险，神秘似乎总是比朴素要来得有魅力。

还记得我去陪她住的那段时间，她在偌大的租的房间里孤独生息。那个时候，我们几乎天天见面，真的像形影不离的姐妹。

青茹的单人床有两个床垫，我们一起搬开。她睡床上，我睡床垫。

在搬床的时候，一把菜刀从她的枕头底下滑落出来，我吓一跳，问她怎么枕下有凶器。她告诉我已经好多天没睡过，只要一闭眼就有很多的妖魔鬼怪出现，所以拿刀是为了好厮杀。

我哑然失笑，恳请她慈悲我这个独生子，万一她厮杀正酣，误伤无辜的我，那可叫我的爹妈怎么活下去呀。她笑了。终于笑了。在恐惧缠身的多日之后，露出了笑容。

那个晚上，我使出了浑身解数讲笑话。她笑得眼泪都要迸出来。我告诉她，有个男孩子，跟你一样的气质。她啐我说，你怎么像个媒婆？我也笑，因为此刻的你需要媒婆，不需要传教士。

后来我们都累了，我鼻炎又犯了，不停地擤鼻子。用了她不少卷纸。我跟青茹说，我要死了。被这皮囊拖累死了。她正色对我讲，兰若，要是你死在我前头，我一定往你的棺材里放20卷卫生纸，管够你用。我俩相视大笑，眼泪却闪了出来。

一年之后，青茹在一次偶遇当中，见到了他，那个我提及的男孩子。

又过了一年，他们结婚了。成了真正稳步前行的同修道友。

他们发愿买了大房子，供养过路的高僧。他们发愿护持正法，以自己所长来贡献自己的力量。他们发愿帮助更多的人，他们正在这样实践着自己的诺言。

我们现在反倒少见了。她比我走得远，走得精进。次第而修，修行的方法，现在是她在谆谆地告诫我，引导我。

有时候，我很想念她，却没有告诉她。因为她现在很好了。默默地祝福，远远地祝福，就已经足够。

“我们都是心中怒放着红玫瑰的女子，出去买包盐都渴望遭遇爱情。”“我们都是在这个尘世当中寻找良药的病者，如今，药已经找到，只需要老老实实地吃啊！”

“我们天赋异秉，苦难生成，学做地藏，当仁不让。”

这三句话，是我认识青茹12年来，她对我说过的话。

我愿意鞭策自己，去伪存真，和她，和他们，和无量的众生一起成长。

四、小叶

小叶是我的好友。她学音乐出身。

瘦弱的小叶和我有过命的交情。大学毕业后，有一场部队上的话剧需要找导演排，我的朋友找到我，但我去不了，小叶就代我去。结果在大山里，她乘坐的车翻了，她腰椎折了两根。然而她异常地坚强，不喊一声苦，后来部队的军官们把勉强康复的她送回来，盛赞她的坚韧和美丽。那些军官频频敬酒，被我们一个个地挡了回去，我们都喝飘的时候，我看着脸色苍白的小叶，非常心疼，她却对我说，姐，你原来不是有个妹妹丢了吗？认我吧。我就是你妹。

她很少说这些酸词，但我知道她但凡说，便是动了真心。我很珍惜，愿意在她一切危难的时候援手。

我们认识了也将近11年。这11年里，小叶问过三次佛法。每一次都是临时抱佛脚，每次过后也都不再提起。仿佛在需要救命稻草的时候，佛法是解药。而时过境迁的当口，便可以束之高阁，甚至弃之如敝屣。

可能很多人都是这样与佛法一再谋面，又一再擦肩的。在顺利幸福平安的时候，很难迈进这庙门；唯有艰难困苦病患时，才有可能向隅而泣。

第一次，是因为她最亲近的老师猝死。她头一天还与老师谈笑风生。第二天，老师在家中就毫无征兆地离去。她接受不了，为其实本来就存在、并即将陆续上演的生死别离而痛苦。那一次她开口问。

第二次，是爱情。她背着行李，穿越了大半个北京城，来我这里昏睡。醒来的时候，我们秉烛长谈。

第三次，她在西藏，给我打来电话。

其实，她一次次地无比接近，一次次地继续离开。我知道，不一定是经由我，她必然会有她自己的机缘的。而即便她遇不到佛法，遇到其他能让她的心停留的良方，也甚好啊。

我通过小叶，终于明白一等人不成世界。所谓一娘生九子，各个不相同。伟人也曾这样教导我们：有人群的地方，必有左中右。那么，你对客观世界的认识如果客观，就知道，左中右都可以是途径。而佛陀也告诉我们，你不仅需要无条件地帮助你力所能及的人，而且要知道自己往前走。你不能要求她和你一样，即使你看着她在同一个坎上不停地摔跤，也不能替代她行路；而你若不赶紧走，也会原地踏步，毫无进益。所谓五十步笑百步，都是因为身陷局中，皆是可笑之人啊！

只有心无挂碍地付出，才能真正懂得帮助的含义。若有期待，必怀失落；若有勉强，必遭痛击。

唯如此，我们能相安无事地生活。小叶成了跆拳道的黑带高手，我继续在修道的路上踽踽独行。我们不过问对方的兴味，只在需要的时候交流。

今年元旦，小叶约我去白塔寺。在我拜下去的时候，她默默地仿效。

我们曾一起吃饭，我看到茹素的道友对小叶说起那吃肉的种种坏处，引起了她的触扰。小叶说，道理我懂，但我现在做不来，你这样我

会累。我霎时想到她们身上都有我的影子。我也要求过别人，所以使得别人反感、远离；我也被人勉强过，所以我逃之夭夭。

旁观总是能清醒些，身临其境，却将方便、智慧一样都记不起来。

事情来，就是因缘法，而对因缘法的深入学习，正是通过这一个个纷繁缭乱的世相啊。

五、七同修

时光过去了整整12年，为了父亲的心愿，我和我的几位同修一起重新受皈依。

不学佛的父亲，在自己的机缘到来时，愿意闻道，愿意深究。

这不是我们任何人的功劳，是他自己一步一步走到今天的。

而于我，终于要脱身喧哗的名利场时，我愿意洗尽铅华，放下一切倚重，摒弃所有虚荣，重新恢复朴素的面容。

我曾经用来寄托痛苦的佳酿，即便痛死也不抱怨的感情，即便这肉身再脆弱、这心灵仍冷酷的拉扯经历，在这次皈依当中，我愿意悉数放下。

师父告诉我们说，在皈依前念30天《地藏经》吧。要消业，要轻装上前。

于是我念。第一次拿起那长篇的经文，竟然用了4个小时才念

完，晚上就开始发烧。是的。我有太多的负累，背得久了习惯了，还误以为是自己的一部分，现在要放下，真难啊！

30天里，我和其他两位同修走了8座城市，拜谒了28处寺庙，遇到了许许多多不可思议的法缘。而这一天一小时的定课从未间断。

直到皈依前的一天，我满心欢喜地陪着其他人见师父。但就在这个下午，我遇到了最严重的考验。我听到了不该听到的事情。我感到前所未有的慌乱。在夜里，我进入战斗激烈的梦乡，那分明是狰狞的魔向我扑来。真的好难啊！我从我的梦境中一跃而起，毫不犹豫地与之决斗。家里人问我在忙什么，我告诉他们我遇到了难得一会的心魔，然后豪气冲天地将之斩了。他们都笑我。

我突然想起在天台山遇到的那个比丘，他仿佛洞察到了我的现在，在那个时候，就没来由地告诉我们皈依的本来意义。自性皈依，挖掘出深埋在自性里的三宝。而所有外在的皈依都是形式。从胜义谛的角度来说，三宝是方便说，而真正的三宝是唯一不二的，那就是你本身具备的佛性。

我的汗流下来了。就在前夜，我还非常怨恨，为什么遭遇这个违缘。但梦醒的此刻，我才知道，我花了整整12年的跋涉，今天才走到庙门口，才懂得什么叫作皈依。所有的喋喋不休和贡高我慢，如同靠不住的脂粉，在太阳的直射下皲裂脱落。

我们七个人，爸爸，妈妈，石头，猜猜，小王子，sutra，还有我。我们面对本师比肩而立。

五个戒，我大声地回答，我将终我一生来守护，我愿意从此开始最真诚地学修。

他们还是有人在回答时默然。我知道，真的知道。只要对自己诚实，愿意努力，都会赶上来的。我相信他们，如同相信自己，终将从堕落的泥淖中拔挂而出。佛陀的眼泪捶打在赤子的心胸时，我知道，没有人会辜负他。

勇敢地活着的朋友啊，也要勇敢地去死，随时随地，须臾之间，在那灵魂与皮囊剥离的瞬间，要自尊而骄傲地微笑：来吧，无常，我已经准备好了！！！

第三辑

生命的斤两

生命的斤两

你来，我必在；你若倾诉，我必倾听。

像一个木头一样坐了一夜。

我看见叔叔纵横的泪，在脸上的苦难沟壑里奔流。我们紧紧拥抱，像在暗夜里呼喊经纶的小名。叔叔对我说，兰若，你和经纶都是我的儿女。你知道吗，穷人心多，病人心多，老人心多。我和你姨是多想知道你们的消息啊。知道你们忙，得空了，告诉我们你的成绩。经纶不能了，你能啊。

我的好朋友死了。

25岁的经纶。戏曲学院毕业的学生。正月十六的夜里，他回到了北京，在孤独的小黑屋中，煤气中毒身亡。

就在昨天，我刚刚从图片社取回过年时我们的合影。

在照片上，他饱满，美丽而朝气蓬勃。我还记得大年初三的夜里，他用自行车带着我，说兰若，过了年咱们就都会好起来的，会有大房子住，会有好多钱挣，会碰到美好的爱情。那时候，远远地有小孩子在放炮，烟花在我们的身后片片绽放……我抓着你的衣襟，如同当年一起北上求学的颠簸旅程。

我们，还有沉美，汪洋，周怀沙，刘云，子南……18岁时的初遇，艰难的奋斗和跋涉，望眼欲穿的我们的爸爸妈妈。

经纶，我信啊，我们是说好的啊，我们大家一起努力，要过上好日子啊。为什么你不守信用？为什么？为什么？为什么？为什么啊？

我身边充满是夭折的人。35岁的志杰，所有留下的影像都是笑。笑得让人揪心。

他们都如同那些有尊严的动物，在临终前平静地走进密林深处——

在所有的朋友都没有防备的时候，他们抛弃了生命，如同抛弃一件身外之物。

他们说你的样子只是有些肿。闭着眼睛，面目安详。仿佛不曾有过痛苦。

有人说，你独自喝了些酒，所以睡得很沉，没能发现……

在此前，你曾骑着车来找我，说兰若，我会帮你的，我要在你的电影中做戏曲顾问。

我系着围裙给你做饭，你笑笑说，不能吃，胃很疼。炒几个菜都不吃吗？我问。你看我，说吃了难受得很，大夫说我是溃疡。我站在厨房里束手无策，你说要不我喝点稀饭吧。

经纶，这不就是在昨天吗？你的声音还未落，你拍在我肩上的手尚有余温，怎么？就走了？

我在远离你的出租车上狂奔，司机问我去哪儿。我说不知道啊，你就带我转转北京吧。

夜已来临，春寒料峭，我在车上看着奔忙的人群，美丽的天安门，美丽的长椿街，美丽的金水桥下的汹涌波涛，美丽的樱花园里呢哝的晚虫……这就是我们爱着的北京吗？这就是值得我们付出青春和爱情的地方吗？是这儿吗？

耶和华曾经说过，你来，我必在；你若倾诉，我必倾听。主啊，此刻，你在吗？你在听吗？你能告诉我生命的斤两吗？

来生再见

命只在呼吸之间，而灵却绵延不绝。

夜夜无眠。到处是你的影子。

一大早，我带了我的躯壳去马甸。我对你说过，那儿开了个花卉市场，若送花给沉美，去那儿。今天我去了，却是买花送你。漂亮的男孩子扎好百合，殷勤问我，“送朋友啊？”我笑笑，说是啊。

我带了美丽的花，在通往八宝山的地铁里，独自奔丧。

看见了叔叔，他依然不哭，和来来往往的人们打着招呼。

你心爱的女人——沉美，她缩在一件军大衣里面，左边是父亲，右边是妹妹，泪在眼梢，依然美丽，如你所说“美得如一座冰冷的雕像”。

妈妈不在，她仍然不知道她的宝贝儿子已经出了大事。

悄悄地把你的事情埋在心底，悄悄地把我的悲伤诉诸网络。如果你尚在人间游走，请记住我们的约定。

2月6日的夜晚，你对我说，兰若，我们一年才见一次，可为什么我却愿意向你倾诉？我想想，说因为我们彼此心疼。你笑，我们是像亲人，血脉相连，心心相印。从你家出来的时候，我们最后的对话是：

兰若：经纶，回北京的时候告我一声。

经纶：我要走还能不跟你打招呼吗？

经纶啊，你看你，分明说话不算数，这哪儿像你干的事儿啊。

我看见叔叔写的挽联，他代表了你的妈妈，只有三句我记得，“父子求索真/悲伤感我儿/来生再重逢”，只记住了这三句。

我蹲下来，抚着沉美的面庞，替你端详你永志不忘的爱情。她大哭起来，在我的怀中，指着你，喊道，“兰若，你看啊，你看他啊！”

于是我看你，这是我第二次看见你的安眠。头一次，是在北上的卧铺车厢，我们三个只有两张卧铺票，你让女孩子们睡，自己去硬座上守夜，白天的时候你过来，在我和沉美的聊天声里，你放心地安眠。这一次，我们仍在你的身边，你面色白皙，神情自若，一切都没有改变，生活会继续向前……

“经纶同志永垂不朽！”

我看那几个字，心里冷笑，死亡算计得了我们的生命，却算计不了我们的魂灵。经纶，我必知，你是全身而退，你另有使命，你并未离开，你将永在！

我的冰箱里还有两个鸡蛋，原来有三个，那一个是上次你来吃掉的。剩下的，安详地在着，你瞧，排列组合仍恍若昨日，我怎能相信你已去莲国?

记得我走的时候，约你，叔叔告诉我说你病了，在感冒，想过了十五再走。我说那我只好和我的侄女一起走了。想起了你的玩笑，那时你和沉美刚分手，你们两个都分头来找我说苦。你们七年的恋爱，于瞬间土崩瓦解。

你对我说，兰若，我将永远爱她，她有一天必然会知道，这世上再想遇到我这样包容她的男人，太难了。经纶，一语成谶。你对沉美实在是“爱之太深，责之太切”啦。下一世，你若再来，可别再这样了。

想你在人间这短短的游历，心中逐渐安定，你不是那种背负了业力的人，你是乘愿而来的觉者。你在生活中，很少抱怨，只有前行。乐观，仗义，感情细腻，花钱没什么计划，写的一手烂字……你像叔叔一样，帮助了太多的人。看到受苦的人就会心软流泪。

你的宽容慈悲间接或直接地改变了很多人的命运，之后你才功成身退。经纶，你哪里是横死之相，你光洁而饱满，是为瑞。你在用你的修为提示着我们，命只在呼吸之间，而灵却绵延不绝。

经纶，从此再不留恋你，今生能有这样的一段因缘，兰若已很感恩。若我福田种够，智慧已开，必来佛前座下寻你，我们做此岸和彼岸的艄公，再做一番百舸争流……

人生如逆旅

准备好了，那么死亡，疾病，痛苦，离别……就都不能击溃我们，我们的肉体随风而逝，我们的魂灵永不寂灭。

刚刚从广州归来。在辗转出差的日子里，听到了蓝天虹的消息。

每天都要打电话给梅花，不敢知道，又不敢不去知道。蓝天虹，你现在，还好不好？

梅花很好。他说，兰若啊，无常无常，活在当下。

我无言以对，泪如倾。

2月以来，经纶，小燕，生活中的，网络上的，命若琴弦，弹指即灭。

没有什么可以永久地留下，永久地被纪念。即使你被你幸存的朋友纪念，过些时日，斗转星移，你幸存的朋友又安在呢?

人生如逆旅，我亦是行人。每个人都在无常当中，瞬息万变地经受着生死别离。

那么，努力地，不浪费地，全心全意地去爱吧，去经历吧，去拥抱这起起落落的生活吧。

不要只是一味地抱怨，抱怨你的美丽人生太迟，还没有出现。现在你在过的，就是最好的，最宝贵的，最圆满的人生。

你得到过，被人爱过；你付出过，给过；你来过，停留过；你盼望过，实现过。

活在当下，当下最好。

在这最忙碌最疲惫最容易抱怨的此刻，我们还能呼吸自由，充满苦乐，那么，我说，我准备好了，和你一样，蓝天虹，对这人生充满感恩。

听到梅花说，你这样表达：我现在除了身体上的确非常痛苦之外，其他均好。我对自己的生命不遗憾，它虽然短，但圆满，我很知足。

准备好了，那么死亡，疾病，痛苦，离别……就都不能击溃我们，我们的肉体随风而逝，我们的魂灵永不寂灭。

让我大声地说，勇敢的活着的朋友们啊，也要勇敢地去死，随时随地，须臾之间，在那灵魂与皮囊剥离的瞬间，要自尊而骄傲地微笑：来吧，无常，我已经准备好了！！！

去往光明的所在

想这一世的游历，也仿佛生与死的那个过程，都将经过漫漫的长夜，暗无天日的等待和茫然四顾的踽踽独行，然后忽遇大光明，身心俱放下。

月亮将圆之夜，两个歌者，先后谢世。比起高枫的喧哗，老歌唱家何纪光走得更为平静。对于高枫，媒体的追风、猜疑和评论激起了一个太大的旋涡，仿佛在现场直播一个人的消亡过程。非常地残忍。

唯独想到高枫问黄安的那句话：帮帮我，我该怎么办？

黄安说，如果到了那时候，要想着去往光明的地方。

9月19日，北京下了一天一夜的雨。

我愿意相信人们传说中的那个歌手已经前往光明所在。如果他已前往，应该谢谢黄安。前些年，唱遍情歌的黄安挽留不了胞妹的毅然落发，或许，他与佛有些渊源。有信仰的人，会接近安心的办法。

曾经说过，只有生死的事情，会让我有耐心停留。从激烈的青春期到平静度日的今天，仍然如此。

只有面对死亡，一切虚浮的鼓噪的假象才会被剥离开来。看到痛惜，痛彻心肺的挽留，但都无济于事。生命脆弱得让人恍惚，随便什么意外都可以击中。

都说娱乐圈是名利场，终日上演着钩心斗角的活报剧。哪个圈子又不是呢？人们想要的东西实在太多。为了这些东西，大把大把的时间和心力都浪费掉了。等到无常突然降临的时候，有几个人能够坦然相对，说，我准备好了，命，你拿去罢？！

母亲怀胎十月，养育我们，做了这世间最为悉心的安排，我们才能与我们的生命谋面。之后我们成长，之后我们衰老，之后我们消亡。

每个健康成长的人，大抵一辈子也就这么过了。但有些人会中途离去，会半路掉队，那个时候，怎么办呢？即便颐养天年，但长路漫漫，终须一别，别时该多么的不舍啊，那个时候，又该怎么办呢？

这样想着，已经足够惊心。

我醒来，面对工作，面对生活的压力，面对人群，面对娱乐，面对偶尔的愤世嫉俗和长期的纸醉金迷……唯独没有功夫面对我自己。大量的可以内视的机会被借口所耽搁。但我们需要内视，需要观察我们的躯壳和灵魂，他们等待我们已久，这人生不是只为了看外面而被赋予的。内在的瞬息变迁演绎着亘古而来的“神”的密码，去发现他们，会让我们的精神成长起来，会明目壮胆，安心立命。

生，需要别人为我们准备；死，却需要自己作准备。我们在奔赴死的路途当中，有太多的心不在焉和视而不见。都以为那是苦痛的极限，欢乐的终点，殊不知在盲视和忽略的刹那，我们原本可以清明的心灵已经堕落。

印光大师一辈子只参悟一个字，便是“死”字。它与我们肉眼俗心所能了解的“生”相携，不离不弃，互契互入。可是，人们宁可在生中沉沦打滚，也不肯留出须臾时间正视死的面目。在别人的告别筵席上掬一捧惋叹之泪，在自己大限来临时方惊慌失措。生，可以华美灿烂；死，却这样难舍不堪。

有人说，遗忘可以使伤口落疤愈合，但，仅仅学会遗忘，对付不了念念相续的无常。每天，我们的身边，都在上演着悲欢离合的剧目，有些不会在我们的心里留下什么痕迹，可是有的却毫不留情地击溃我们，让我们感到恐慌、愤懑和巨大的失落。

就如同我们成长路上，会经过许多的劫难和沟坎，如果我们只是在摔跤之后爬起来，而不去观察劫难和沟坎本身的问题，那么，前行路上再遇到类似的考验，你还会摔得很难看。一个人，如果善于在自己遭遇的情境当中抽离出来，观照发生的前因后果，吸取教训，才会真正地成长。此时，由于透彻的了解和体证，再遇到同样的情境，原来过不了的关便会轻松闯过。

对待死亡也是如此，只有眼泪和叹息是不够的。那不是我们了解这人生的根本方法。只有真正地观照它，才能从简单的告别中找到生的力量，才能真正明了今生所为何来，才能不被眼前身边的蝇头之利和一时之快所分神左右。

佛常说，人身难得，在六道之中，只有人天生就是在苦乐之间反复徘徊，并拥有向上探究的本心。这是多么值得赞叹的天赋异禀！别辜负了这能够体验和觉悟的肉身！

想这一世的游历，也仿佛生与死的过程，都将经过漫漫的长夜，暗无天日的等待和茫然四顾的踽踽独行，然后忽遇大光明，身心俱放下。

去往光明的所在，无论于生，抑或于死，甚至于这穷尽毕生的探究历程，都将是我们的必由之路。那是蚕咬破了茧，见到光明，化身为蝶，自由翻飞的时刻。生生世世，只为觉悟，直到觉悟。

时光流逝了，
我将不再在这里

坦然地认识这变迁，微笑着接受，这才是智者的安顿。

愚人节的玩笑，属于张国荣。

所有的人都不会相信，但转念，却都理解。

对很多寂寞写在脸上，情感成为他人谈资的人来说，他们的眼泪都是一样的。

公众哭着喊着，说是你们伴随了我们的成长，你们的歌声和身影见证了我们的青春和过往。那铺天盖地的泪水，足以冲刷高楼下面不堪的血迹。然而，即便如此，他们依然不回头。

直到不羁的飞鸟落地的那一刻，我们才知道罗文有两个姐姐，高枫的父母在国外，张国荣的男友不在身边。我们看到了处理不好自己感情的肥姐在为另一个遗言谢她的朋友张罗后事，我们听见了破产时都没有流泪的钟镇涛痛哭失声，我们感喟着在片场忙碌着的、曾被张国荣的风华比下去的巩俐那自怜怜他的伤情。

还有很多的人，譬如彼此时需要很多朋友陪伴在身边的梅艳芳，曾经追寻张国荣饰演的十三少三生三世的这朵寂寞如花，在与自己的爱情屡次错肩之后，哭着对哥哥说，如果到死我还没有把自己嫁掉，请你，请你一定一定要来娶我。彼时，那美少年微笑着点头。可这一次，却彻底地负了约；又譬如我们这个时代永远的小倩，在胶片机转动的影像里，和那令人惊艳的宁采臣出生入死，却不能够与孤独的狼安守着多年的爱情。我们要问的是，在宁采臣奔赴而上的24层天里，小倩，她在哪里漂流？

有很多的人让我们担心，如同我们担心着自己。我们每一个人，都不能看见别人笑容背后的泪眼。就好像不能看见自己在灯下的踽踽身影。我们迫切地希望能把自己安顿于他处。这他处是来自你谆谆表白的理解，你那一句不可推敲的誓言，甚或你偶尔送过来的痛哭怀抱。我们是多么的希望借助他力，来完成对自己的救赎啊！

然而，长夜漫漫，星斗虽满天，依然不能照彻我无边的伤痛。孤独着，却不能安然。这是我们这个喧闹时代正蔓延开来的疾病。

想那娱乐明星之于观众，仿佛男权社会中的女人之于男人，也仿佛追求者之于目标，希望被认可，被珍惜，能够保有，能够被永远地不丢弃。然而，这种依存于他处的希望，千百年来终究是要落在空处的。

戏剧里面讲间离效果，是说可以抽身反观，那是大魅力，更是大智慧。而张国荣说，我做演员，如同人做了猫，有九条命，在别人的命里过活。于是程蝶衣便是这样，在虞姬的命里爱恨，却丢了蝶衣的性命；于是张国荣也是这样，在程蝶衣的命里辗转，却扔了自己的一生。一个扮演着双重身份的人，不知道间离，每遇险境，必亲力亲为，赴汤蹈火，日子久了，连自己都不知道自己是庄周呢，还是那蝴蝶！

都说爱情是难渡的关口，很多人在这里翻船。究其原因，仍然是那个抽身反观的法眼被昏天暗地的面对给遮蔽了。如果我们可以一边爱着，还可以一边看着我们自己在爱着，那么，情形一定会有所不同。有人会说，那是感性的事，怎么可以让理性出来败兴？！是啊，乘兴欢乐会让人在高潮里幸福难名，可是，高潮过后呢？灿烂必将归于平淡。不是所有的人都能够安于这繁荣过后的冷清寂寥。那么，你的第三只眼睛若能在灿烂的时候开启，冷眼旁观金粉浮华，在无常轮转的时候，它亦会帮助你平步崎岖。

时光流逝了，我将不再在这里。坦然地认识这变迁，微笑着接受，这才是智者的安顿。

每每看到杨惠珊的琉璃工坊，都会为她盛名之后的退隐，与繁华裂帛的决断所感动。放下的，都是最早以前的负累，重新开始的，未必不是精彩的人生。然而即便不精彩，那又有何妨呢，浓淡相宜，是生存下去、体悟来处的最好妆容。总是绑着头，扎着靠，贴着鬓角，不累么？

佛菩萨于是说，除非每个人都脱离痛苦而进入这扇门，否则，我不会进入，我将最后一个进入——这就是伤悲啊。

默读伤悲

看了韩国影片《优昙婆罗》，想着要写一篇读解文章，供养给大家。但不知道“优昙婆罗”的出处，所以查了佛经。看见《长阿含经》中讲到七佛的因缘——在释迦牟尼佛之前还有六佛曾经住世：毗婆尸佛、尸弃佛、毗舍婆佛、拘楼孙佛、拘那含佛和迦叶佛。

他们每个人都曾历经磨难，终于证得正觉。其中，拘那含佛就是在优昙婆罗树下成就觉悟的。原来，优昙婆罗是那棵如同菩提一般的参天古木。

这便是我读《长阿含经》的缘起。

《长阿含经》第一卷讲了七佛的由来，各自的弘法度化，并以

毗婆尸佛来讲过去七佛事，以一佛的事迹来观照七佛的因缘。本师慈悲，在这部经文中，十二因缘、四圣谛等皆由此而出。

《长阿含经》第一卷，有两段让我读来惊心。

一是讲贵为王子的毗婆尸佛在看到老、病、死、沙门时的逐渐醒悟。

大家都知道，生、老、病、死是四苦。熟知释迦牟尼佛本生故事的人也许会觉得这不足为奇，在我们的身边，每一刻都在上演着生老病死的剧目啊。它们是生活的一部分。有什么值得惊心的呢？是啊，也许因为它太过平常，平常得让我们随便就可以忽视它，当它是口头禅，当它是觉知的盲点，因熟视而无睹啊。

在《长阿含经》里，佛对老、病、死均有注解，唯有悉心以读，才能听闻大悲之声！

毗婆尸佛出游，路遇蹒跚行路老者。便问侍者：何如为老？

侍者回答说：老者，生寿将尽，余命无几啊。

毗婆尸佛又问：吾亦当尔，不免此患耶？

侍者说：然，生必有老，无有豪贱！

于是又问病，那病便是“众痛迫切，存亡无期”。

于是又问死，“死者，尽也。风先火次，诸根坏败，存亡异趣，室家离别”。

看到这些揭示，我不禁深深自问：生老病死，无论贫富，无论贵贱，没有人可以幸免。千万劫以来，为什么每个人都在经历它，却只有佛从中觉察出了真相？为什么这四苦可以让他放下眼前所有的贪著欢爱，立志学习沙门，求证大道？苦则苦矣，为什么有人在苦前浑噩不觉，而有人却听见了悠远钟声，声声唤醒迷魂？

同修告诉我，去看《中阿含经》的《天使经》。

《天使经》中，讲一恶徒堕地狱，阎王问他，你是怎么搞的，在世时不干一件好事？弄得来到我这里？那人说我也不知道啊。阎王又说，难道你没有见过天使吗？恶徒摇头。阎王说，那你有没有看到过不能护持自己的幼小婴孩，翻转身就卧倒在自己的粪尿之中，却又因不会语言，不能表达，大哭不止，唯有等到父母发觉，才为他洗浴干净？

恶人点头，见过的。

阎王说，那便是初天使啊。

如是，生、老、病、死均以天使面目出现在我们每一个人的眼前。我们所苦的，正是我们可能觉的甘露。可惜的是，我们仅仅以为这是颠扑不破的规律，对它，唯有默认，唯有无奈接受，甚或无所谓之，却从不曾惊心动魄，深究下去——为什么是我们见到了生、老、病、死？这个所谓的规律后面，隐藏了怎样的真相？

觉者如此慈悲，想尽各种办法，希望我们有所了悟，然而，众生瞽目，惯见不见；凡夫聋耳，充耳不闻！

苦劫无数，辗转哭号便无数。我们看到，很多人在身心俱疲的时候，不是去看产生伤害的根源，而是掩耳盗铃地说，生活还要继续，爱情仍将经历，我的心，即便流血，也终会结痂落疤。伤痛会过去的，日子会好转的！这是勇敢吗？这即便是这个社会的勇敢法则，也是愚勇啊。不觉的人在轮回里打滚惯了，遭遇同样的痛苦而不醒悟，于是生生世世，乐此不疲，悲此亦不疲。

天使不是曾经来过，天使其实就在我们身边。日日夜夜守护。然而，你就是看不见，听不明白，理解不了。写到这里，我都要为自己身上的无明、烦恼、非正见长歌当哭了！佛不在，你有借口，佛在，你还想说什么？！

第二段，是讲毗婆尸佛成道之后，反复思量，决定不给众生讲法。

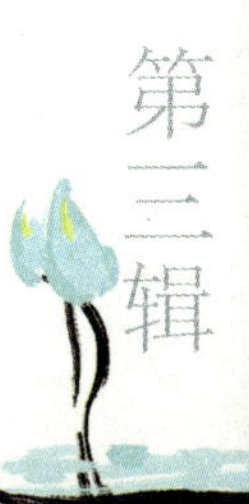

他的原因却是：无上甚深之法，众生能理解吗？众生习气如此之多，异见会使他们做出对他们自己不利的事情，那样的话，岂不是更加耽搁他们吗？

佛因此慈悲，于是默然。

梵天王听说后，再三请佛说法。

佛再观众生，看到“众生垢有厚薄，

根有利钝，教有难易”。而易受教者能出生善道。这就好比一池莲花，有刚刚出污泥但花朵不及水面的，有出了污泥花朵刚刚及水面的，也有出水面开花的，种种状态下的莲花，虽有参差，但终不被污泥所染，究竟是要开花的。为开花而讲法，不是大慈吗？

因此，佛受请于梵天王，决定为信受乐听的人说法，不为触扰无益的人讲经。

佛说法四十九年，有时候开演，有时候默然。他的说与不说，皆因慈悲。说，希望能帮助你，使你通过自力而觉悟；不说，是以你的处境而生起的大悲心，希望迷得很深的你，不要因无知而诽谤，由诽谤而获罪，如是往复，反倒加深你的迷失。

这些，你能理解吗？

佛灭度之后，又经历了一千五百年，我们生逢末法。但是，你知道吗？还是慈悲，佛携八万四千法门，八万四千善巧方便与我们痴疑怠慢的心灵一再相会。他的方便，或嬉笑怒骂，或苛责诘难，或和风细雨，或冰霜雷电。种种变化，只为适应不同根性和业力的你，只是为了让你觉知。

如此苦口深情，你感受得到吗？

读《普贤菩萨行愿品》，看到菩萨发十大宏深誓愿，每一愿都立志与众生共同担当，譬如礼佛，菩萨说，众生的业和烦恼穷尽之日，我的礼敬佛陀之愿才会停歇；而由于众生界的烦恼没有尽头，所以，我的礼敬没有尽头。念念相续，没有间断的时候，这身体、这语言、这意念、这工作，没有疲乏和厌倦的那一刻！因为慈悲，所以，虽万苦而不辞；因为慈悲，所以，虽难行而行之！

再读《地藏菩萨本愿经》，著名的“地狱不空，我不成佛”脱胎于“我今尽未来际不可计劫，为是罪苦六道众生，广设方便，尽令解脱，而我自身方成佛道”，因为慈悲，所以停留；因为慈悲，所以再来……

如此慈心悲愿，你知道吗？

去看殿堂之上吧，去看那佛菩萨的微笑面容。你是否已经深味那微笑的含义，那面容的悲欣？那微笑包含了眼泪的伤悲和笑的喜悦。佛是觉者，觉知后的人于己，有着很深的笑，有人称之为全然的舞蹈。但佛遇到了我们，我们这些有颠倒、有牵挂、有恐惧的众生，我们的习气如此之重，不懂得珍惜和善待，有心向佛却又无力自觉，无明业力让我们即使遇到真知，也一再错肩……

佛菩萨于是说，除非每个人都脱离痛苦而进入这扇门，否则，我不会进入，我会是最后一个进入——这就是伤悲啊。

佛因为我们而伤悲，而那微笑是笑和泪的相遇。

如此表情内涵，你觉知了吗？

我愿意启程，不愿意停步；愿意上进，不愿意下沉；愿意知足，不愿意悔恨；愿意看穿大千，不愿意睁着眼睛受蒙骗。而那一个假名的我，但愿早些放下辗转、牵挂、借口、爱恋和不安，早些汇入弥陀愿海，如盐入水，没有自己，只有悲深宏愿。

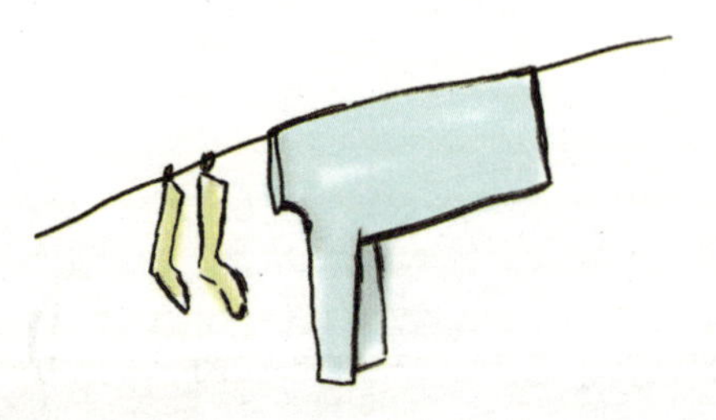

第四辑

尘世里的声音

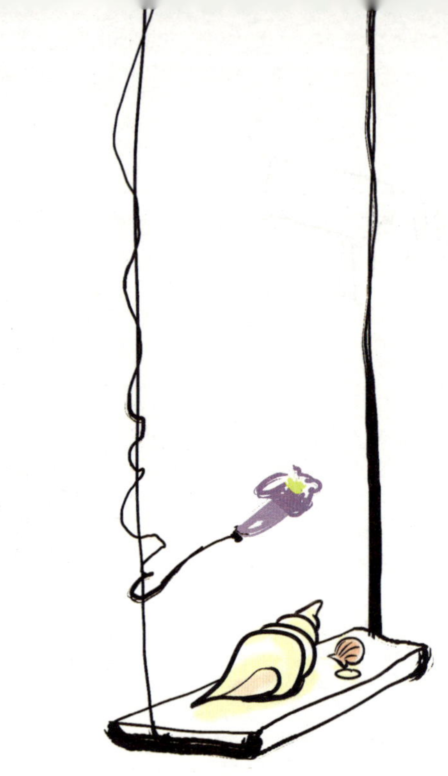

小 白

小白是个好姑娘。在贫穷里坚持着纯粹的理想。

小白是做陶的艺术家。

认识她，是因为她的男朋友是我们的朋友。最初接触的时候，印象里是这个女孩子有一头直发，腿很长。爱穿棉麻质地的衣衫。很多时候，她把头发随意地一扎，冷不丁地看去，与老道甚似。

小白跟大家在一块玩的时候，特别随和。好多话题都能轻松地交流，没有什么言语上的锋芒。有时候甚至让人觉得有点憨厚。第一次请她来家里吃饭，发现她是个极实在的人。江南的女孩子，竟然把我准备的那么多饭和那么多菜都吃完了。而且，还擅饮，主要喝白的。在我还没受戒的时候，她是可以一拼的对手。

然后就是她对男友的那份感情。

真的是所有的人都知道，她爱他，而他只是停留。但她还是那么用心。我们在一起的时候，每逢她有些无望地向我询问未来时，空气就沉寂起来。然后她自己又能很自然地把话题岔开。后来，他真的就走了。去了他国异乡。

这中间小白约过我几次，说她办了展览，要我去玩。我怕尴尬，都推辞了。然后就看到那个流浪的男人在校友录上的照片。并看到他的新女友。他回来过，遇到了小白。小白也有了新的男友。是个比自己小了很多岁的男孩。她还是对前男友很好，帮他寄资料，还接待他的新女友，大大方方地。

然后，我们再次碰到。看到了小白的作品。素朴，没有尘烟，安静，却又有暗香浮动。

其实，她让我看她的展览，是想告诉我：在他走后的一个月里，她听着心经的唱诵，做这些东西。似乎把一辈子的眼泪都流完了，然后就好了，就可以把那个放不下的因缘斩断了。就开始了后面的生活。

我挺喜欢她的。

每年最热的时候，她都要去最偏僻的深山里做陶。窑很少，为了不和人争，只要有整块的时间，她就彻夜做陶。白天用来睡觉。她跟我说，其实很累的，现在的这个朋友能和她一起做陶，有个伴。

小白是个好姑娘。在贫穷里坚持着纯粹的理想。她的美好，应该有人来珍惜。我这么祝愿着她。也祝愿天下一切好姑娘。希望大家都能在年轻的时候棋逢对手，知音比肩。

我师傅花草

师傅说：和父母最好的距离，就是一碗汤的距离。

花草是我生活中的师傅。为了和我学佛的师父有所区别，我只好喊她师傅。因为她教会了我后期编辑的本领，所以我拜她为师。师傅姓张，在走廊里喊她的时候，我爱连姓一起喊，所有的人都以为我在叫电工张师傅。

她恨得牙痒痒，斜倚着门骂我：八戒，以后能不能把张省略了？我就做出要轻薄她的样子，她那样花枝乱颤，让我都变得不稳重，呵。

师傅长得很美。因为她的爸爸妈妈都是老一代演员。父亲还是苏联人。演过老外，还当过导演。

师傅为人大方慷慨，经常在他们国家的芭蕾舞团来京演出时，给大伙派送门票。以致我经常把她当作国际友人来看待。

师傅很晚才结婚。不是她不优秀，而是太优秀。在她的名媛朋友们纷纷挣脱不幸婚姻束缚的时候，她刚刚建立家庭。那些人我见过，个个聪明伶俐，却含霜带剑。

她也在乎，但她包容。

师傅的公公，90多岁了。靠着老六的钱维持昏睡的生命。这种日子已经有两年了。年初的时候，医院说，老爷子已经衰弱到必须鼻饲才能进食了。

六哥问师傅，说老太太的意见就是算了，儿子们都不容易，这么大的花销，生者拖累，病者不安。

师傅说，那不能。咱要是没钱，那再说没钱的事情；咱现在还能出，就要给咱爸这个机会。想想他怎么养你的。他睡着，你以为他真的不知道你们的心思？你还眷着他，他知道；你若放弃了他，他也知道啊。再说了，你想想，去医院看咱爸，和去坟上看咱爸，那是一回事儿吗？天上人间，那隔着几重天呢啊！

六哥心服口服，原话跟老太太说了。老太太听了之后直哭。

我师傅她常发明好多话，让我大开耳界。她管体面的人叫衣冠禽兽，管岂有此理叫岂有此拐弯。在她最痛苦的时候，还说过“胳膊断在袖子里，谁疼谁知道”。而和父母最好的距离是一碗汤的距离这一说法，也是她发明的。

大连空难后，贪生怕死的我发誓不再坐飞机。她告诉我，要是去印度、去法国也坐驴车的话，估计还未取到真经、遇到王子，就该喝凉水翘翘了。

她说，你那个师父不是说过吗，但行好事，莫问前程。无挂碍则无恐惧。她让我脸红。

一个假名的我

假名：假名而有，佛教的三有之一，意思是假立了名字才有，比如五蕴——色、受、想、行、识，是因缘和合假名为我，这个我其实是色受想行识，没有我的主体，是假立了名字之后才有的“我”

今天去看父母。才知道妈妈病了三天，一直在咳嗽。于是带她到老中医那里针灸。

跟医生谈起妈妈的身体，糖尿病3年了，高血压13年。但学佛以后，妈妈慢慢把糖尿病的药断了。一年多以来，血糖是正常的。

大夫笑说，这没什么，你妈妈这个糖尿病说不定是假的呢！

为什么为什么？我看到妈妈关切的神情跟我的问话一样急迫。

大夫说，糖尿病患者当中，有一半都是假的

假的是什么意思？

假的就是本来就没有这个病，但因为情绪不好，比如生了很大的气，或长期抑郁焦虑担心……就会体现在这方面。等到事过境迁，宽心了，放心了，这个病就没了，那么这种糖尿病就属于假的。

我头一次这么听说，于是跟妈妈狐疑地对视。妈妈突然笑了，原来还有这种说法！

我知道，妈胆小，她的心理暗示有的时候强过所有医疗器械。刚听说自己有高血压的时候，高压到了临界，输降压的药给她，血压三天都不降。姨妈是省人民医院的专家，守着她妹子无奈地说，还没治病，先吓死一半。

万法本闲，唯人自闹。这颗心啊，就是不能安静安定安详起来。

《楞严经》中，波斯匿王问释迦佛：有不变不死的吗？佛笑，问波斯匿王，大王三岁看恒河，与六十岁看恒河，有什么变化吗？波斯匿王说我变老了，恒河也一直流动不歇。佛又问，那么这里面有不变的吗？波斯匿王愣住。佛曰：人在变老，水不停歇，而能见之性从未动过啊！摘过来原话是——“变者受灭，彼不灭者，元无生灭！”“云何于中受汝生灭？！”

我知道，这对于我的认证来说，路还迢迢，但我愿意启程，不愿意停步；愿意上进，不愿意下沉；愿意知足，不愿意悔恨；愿意看穿大千，不愿意睁着眼睛受蒙骗。而那一个假名的我，但愿早些放下辗转、牵挂、借口、爱恋和不安，早些汇入弥陀愿海，如盐入水，没有自己，只有悲深宏愿。

尘世里的声音

历尽世相磨难的人和一帆风顺的人，他们在心灵的成长上没有什么两样，无不是在承受和调整。

一

每天早晨，我都会被那个擦洗油烟机的湖北人喊醒。

那女人在喊，细长的声线，不屈不挠地叫着：擦——油烟机！擦——油烟机！

她的声音非常有穿透力，直飘居住在最高楼层听力并不好的我的鼓膜之中，继而发出执着的碰撞，把我好不容易进入的安眠搅个黯然。

我不上班，离开了安全感和归属感。夜晚是我读书和写作的时间。白昼太长，太晃眼，我的绵密的思想禁不起它们的晾晒。

但是自从湖北人出现后，我不得不调整自己的作息。我不能打开窗户对她喊，我——要——睡——觉，求求你，到别处讨生活罢。

我不能，是因为绝大多数的人已经离开住所，去辛勤地去工作了。我是蜜蜂中的异类，如果抗议，是羞耻。

我不能，更是因为她比我勤劳，她以此谋生。

尽管我们这个小区的油烟机已经都被她擦过了，但她还是认定这里，把这里当作她的工作范畴。我，不能说任何分外的话。

有一次，我真的是出离愤怒地被她唤醒，甚至都顶着一蓬乱发打开了窗户。

擦——油烟机！

她朝楼上期盼地看着。“她”是个男的。

我改了口，多少钱？他咧嘴笑了，20元。

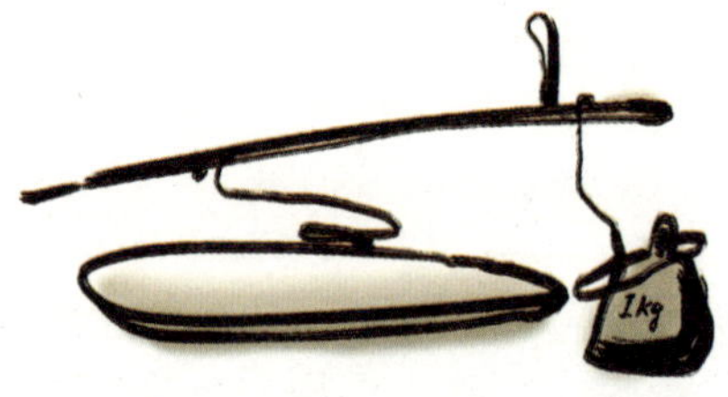

我把他迎了上来，他卖力地把油烟机扛下楼，他说我的油烟机太脏了，必须在院子里好好擦，屋里施展不开的。

大半天的工夫，他拿了上来，开口要200元。并解释说之所以要这么多，是因为我的油烟机里面的部件都坏了，他和他老婆自作了主张，一样一样都给我换了。他身后站着满手污垢的妻子和像个小泥猴一样的孩子。

我笑说，你们挣钱也还行么。多碰上几个我们家这样的油烟机，没准还能发了呢。

他摇头道，大姐，没有，我们光吃饭都不够啊。

我没再追问，如数给了他。

从那天以后，湖北人来得更勤更早了。他把我的生物钟和写作计划都打乱了。

一次跟妹妹等人聊天，妹妹讶异地说，呀，你肯定上当了！现在买一个油烟机也不贵啊！就是全换，怎么也要不到200元哦。

我听了，心里不是滋味。

国庆节到了，大多数上班族终于集体睡懒觉了。

湖北人又来了：擦——油烟机！擦——油烟机！

我听见隔壁楼上在晴空中爆发出一声霹雳：不要喊了！那声音马上就没了。

我瞪着眼睛听。

过了一会儿，那吆喝又试探地响起：擦——油烟机！

另一处，扔下来一个瓶子。声音绝迹了。

我迷迷糊糊地做了梦。

秋天，没有起风，我蹲在楼下和小朋友看蚂蚁。桑树叶子被太阳照着，一地的碎影都在晃动。

这时，有个小个子男人推着绿色的自行车迎面走来。他扬着脑袋喊道：擦——油烟机！

天呐！

今天早上，太阳晒得老高了，那声音没再响起。

他不来了么？那以后怎么办呢。

我早起了，望着楼下，心中竟然有一些些怅惘。

二

我们住的小区是北京最早的楼房，当年一定非常气派。

但26年过去，除了临街的一面在迎接奥委会官员时被刷上了粉红色外，其他，皆已衰败不堪。

一楼和顶楼的居民们都在通县买了房子。因为一楼可以作店铺，很多二手房中介、美容美发、松骨足疗都相继在楼下开业。

很多时候，我背着菜筐进门洞，擦肩而过的就是这些各行各业的精英们。他们西装革履，搽脂抹粉，忙碌着、奋斗着。

而顶楼，我的邻居们都把房子租给了北漂族们。如果我三天不下楼，打开门就会遭遇到搬家公司。那些年轻的生命，背负着各样的梦

想，两三个，甚至四五个人租住着一套两居室。

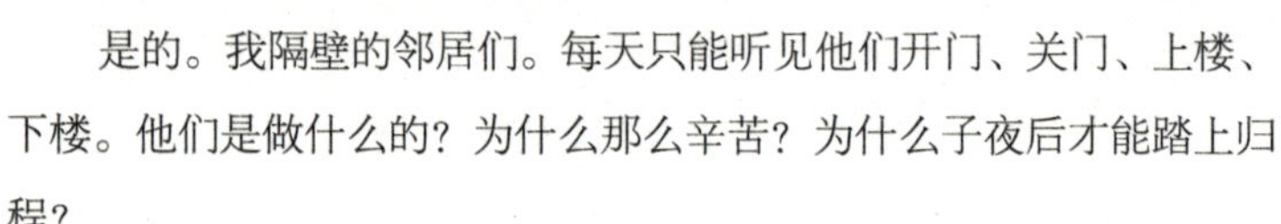

我很少看得到他们。因为我起来的时候，他们早已搭上了班车去赶早。睡下了，在不稳的梦里，他们沉重的脚步才响起。

是的。我隔壁的邻居们。每天只能听见他们开门、关门、上楼、下楼。他们是做什么的？为什么那么辛苦？为什么子夜后才能踏上归程？

有一天，我打开门，看见一个漂亮的女孩站在电表前一筹莫展。她看着我问，你知道这个怎么开么？

嗯。我知道。我回家搬了凳子，麻利地帮她打开电表。

然后呢？她还不明白。也曾是家里不愁衣食的孩子吧。

这个要往电卡里续钱，要不你家里就没电了。她恍然，怪不得，是停电了。

她住我的对门。每天深夜里的脚步声应该有她。她有一把漂亮的吉他。夏天特别热的时候，她挂了门帘，那熟练的弹拨和漫不经心的歌唱就会飘出来。在黄昏的光线里，夹杂着单元楼家家户户的菜香，她的弹唱的身影成为帘子上的剪影。是喜欢唱歌的女孩子吧。

在北京的酒吧里，咖啡馆里，夜总会里，地下铁的通道里，有好多这样的少年。等待机会如同等待知音一样难。但大家还是要来。吃得不好，住得不行，都可以忍。

那个没料想到自己能一夜走红的女孩子不也说过吗，要是能来北京，住地下室吃面包喝凉水都行。

我隔壁的住户比较神秘。似乎什么时候都有人在开门，关门。

直到有一天，楼下的一对小夫妻上来敲门。他们似乎在说着什么，很快声音就激昂起来。后来似乎在吵起来了？

我关了书房的门。但听到争吵声在加剧。

原来是楼上漏水了，是卫生间，只要楼上洗澡，楼下就也跟着淋浴。楼下的上来要求楼上的修修，但楼上的不愿意。她的理由是反正大家都是租房，没必要给房东修房子。

楼下的正匪夷所思之际，隔壁的女孩就把防盗门关上了。那铁门哐啷一声，似乎宣告了决裂。

从此之后，楼下的女子在默不作声的丈夫的陪同下，每到深夜，都来叩门。她大声地诉求、央告和叫骂，面对的都是毫无回应的铁门。愤怒的女子冷笑道：我知道你在里面！你刚才还在洗澡！你给我开开门！

门里面的人就是不出来。

她们在午夜对峙。在所有邻居漠然的偷听当中上演交流的不可能。

而过了两天，小两口又上楼了。他们刚一敲门，门马上就开了。

小两口都愣怔了，因为显然他们眼前出现了另一个人。也是个女孩，却彬彬有礼。

女子祥林嫂般地讲了他们的苦衷，新房客耐心礼貌地倾听，只听见她歉然地说，放心，我会跟房东说的。

小两口终于松了口气，下了楼。

但仅仅过了三天，平静的夜再次被楼下的女子喊破。她还在执着地敲门，但礼貌的女孩也消失了。女子都快哭了：你在，因为你刚洗过澡，我们家又漏水了！！

隔壁还相继有男孩，两个女孩以及他们的朋友开过门。无一例外，他们都开过门，但又都无情地关上了。

终于有一天，在楼下，碰见小夫妻搬家了。

而隔壁到底住了几个人？他们还在吗？房东知道他家漏水吗？以后还会有人住楼下吗？

夜，恢复了死寂，一切不得而知。

三

北京的四季，我最怕的是冬天。

倒不是因为冷。比起南方的潮湿阴冷，它只是冷罢了。

是因为它的风。北风、西风，昏天暗地，肆虐着呼啸而来。

想那孔雀为什么会往东南飞呢？许是西北有风罢。

小时候在西南，唱《黄河》，第一句就是“风在吼”，那时真的不理解，风怎会吼呢？

四川只有微风，轻柔得让人都要忽略，因为只见识过轻柔，容易以为天下皆轻柔。

及至北方，第一年在太原，看见女孩们蒙了透明的纱巾在路上，还不理解。

北方女孩就是够威，大白天都打扮得像打劫的。

那风刮起来了，遮云蔽日，飞沙走石。满面皲裂眉目土灰的我方醒悟，它们真的是在吼啊。我真该置办一副打劫的行头啊。

然而北京，没了那煤城的尘土，风声却愈发地凄厉。

而即便在家里，我都害怕那声音。它们与我的风穴相和应，给我的孱弱之躯带来许多烦恼。住四面风雷的平房时，我都要在脑门上裹个羊白肚毛巾，怕睡着了那厮来侵扰。

我要怎样才能躲避这狂暴的风呢？母亲跟我说，玻璃隔音不隔风，而纸却隔风不隔音。所以你看，风大的那些地方，以前都是木窗纸糊。

哦。是这样。

所以我的窗户上都糊上了稿纸。那上面密密麻麻地写着我永远发表不了的退稿。写着我稚嫩的理想和禁不起推敲的诗句。间或埋藏了那些让人脸热心跳的表白。

即便有人问，我也只是说，那是某个人物的台词。它们从我尘封多年的行李中来，从我一次次搬家迁徙舍不得丢弃的家当里来，像伤员，布满了窗棂，为挡住狂风发挥着余热。

而今年，北京的秋天好长，好美。每一天都有西南吹来的轻柔的风，同时还有西南没有的日日朝阳。这晴好的天气在我不敢惊动的心海里，仿佛许着诺言。

没有风暴，永远没有……

四

其实我是想写她。

她住在对面楼上。时而沉寂，门户深锁。时而呐喊，向无尽的虚空。

她一个人住吗？如果有家人陪伴，怎会忍心看她瘦小的身躯膨胀如许愤慨？

她总在寒冷的季节归来，站在阳台上，穿着秋裤。她头发有些花白，容貌却还端庄。她不喊的时候，其实还挺像这个设计院的工程师的。

父母都见过她，听了她的悲愤控诉，都沉默。

除了声嘶力竭外，她一直在揭示一个完整的故事。那些人名似乎都是真的。他们一起陷害了她，所以他们是这个社会的蛀虫。他们之间有很多不可告人的秘密被她掌握。她出于良心的驱动，渴望牺牲的实践，大声地披露真相。有时候她语重心长地提醒人们要保持清醒的时候，我甚至觉得她不疯。

已经深秋了，寒冬觊觎着我们的半晌贪欢，带着那女人尚未痊愈的伤痕，就要重新路过我们同样脆弱的心魂。

可，她是怎么成了这样的呢？如果她已经没有了父母眷顾，那么，她有孩子么？或者，朋友？路人可以不管，亲友呢？亲友也形同路人么？

从我家楼下步行到汽车站有300米，我出门的时候经常经过那里。

突然，有一天，我被头顶上的一声炸雷惊着，待到抬头举目去寻，却只有白杨的枝干在悠悠荡荡。再看路人，似乎无人诧异。是我幻听么？

又过些时日，我在更远些的街头行走。那街边的二楼倏地冒出一个身影，她大声地骂了句什么，把她正下方的行人吓了个半死，然后又面带诡异的笑容隐没了。

行人们也像那天的我，无所得而悻悻走开。我却因为距离看了个满眼，听了个正着。

她还算年轻，胖，卷发，肤色像个婴儿。

我站住，等着。果然，当行人换了另一拨时，她如法炮制。恶作剧似的发泄在短暂的午后频频。那楼下卖彩票的人群显然早已熟稔，浑然无觉。

这个人，又是因为什么呢？

上个月，我大哥来。他为我的小侄女上大学的事情跑断了腿。小侄女学画的，分数和志愿竟然只差一分。

我们聊天，大哥突然想起一个极聪明的人来。那人是我父母同事的儿子，跟我同姓，大我几岁。他一直在跳级，然后很小就读大学，后来读研，读博，乃至更高。我还在高中六年级折腾的时候，他已经出国留学了。后来就出了事，被校方送了回来。他住在我大哥供职的医院，据说很多年都不跟人说一句话。他懂得那么多，全部消化在自己的天地里了。你知道吗，哥哥说，他已经死了。我无语。

历尽世相磨难的人和一帆风顺的人，他们在心灵的成长上没有什么两样，无不是在承受和调整。

生命，有不可承受的重，也有不可承受的轻，它们都是灾难，都需要化解和引导。

北京一个杂志社的主编，年轻有为，在她的工作领域游刃有余，有殷实的家景，有爱她至深的丈夫，但她还是选择了极为暴烈的方式离开。

那杂志社出于爱护，对外说她是遇到了车祸。一次她的同事跟我说，你能想象么，这么优越的人却这么抑郁？

我问大哥，你们医院有治好的病人么？他眨眨眼，很狡猾地笑了。

说，当然。不过，有心病的人，你看得出来么？

我眼前出现了很多很多的面孔。他们矗立着，沉默着。让我只能噤声。

五

刚刚搬来这里住的时候，就看见院墙上贴着附近派出所的告示，说这里小偷多，刚有两户被盗，劝大家把1982年单位发的老防盗门淘汰掉。

那个防盗门是不结实。铁栏杆之间是纱窗，如果用剪刀剪开，就能反手摸到里面的插销。而如果人家有电锯，轻而易举地就能把这个锁头撬开。

我们的楼门长住在我家楼下，在我最初装修的时候，她曾派她丈夫上来抗议过。在我爽快地表示愿意赔偿她所有的物质精神损失，并且再三

鞠躬道歉后，她大度地表示既往不咎。她敲开我的门，拿出一张表格，问我愿不愿意在这个表格当中签字。我一看，是号召本单元的住户每家出100元，给单元门洞安一个对讲防盗门。

我去逛过建材市场，单户的防盗门一般在千元以上，这比大家合起来安一个大门，显然后者相应。

我签了字。然后等消息。

这个楼里住的大多数是50岁以上的人，都是这个设计院的老员工，有好些已经退休。不再有拼命工作挣钱养家的体力。

因此，这消息我竟然等了五年。

年初，思想斗争过程颇漫长的老邻居们终于签齐了字，楼门长欣喜地来收钱。她小声告诉我，要不是隔壁单元再次发生盗窃案件，有些个老顽固还不愿意签呢。

不久，就看见一个崭新、洋派的大门嵌入风霜满面的老楼。那上面还有一个居室号码，像个电话拨盘，如果你要找什么人，只要按他家的号码，就能讲话，开门。

我的同学来找我，几乎都会被这个新嘎嘎的门惊着，相对于它周遭剥落的墙皮，盘根错节的电线，无处不立的烟囱，还有疤瘌般的小广告，它实在太醒目了。

自从有了这个门以后，门铃成了我跟外部世界亲密接触的唯一媒介，它响起的频率比我的电话都要勤。我归纳了一下，主要是三类人在频繁使用这个门铃。

第一，我妈。

父母住在不远处，每天都要去公园。去公园就要路过我楼下。她会像个调皮的孩子似的来摁响这个门铃，看我在不在，跟我说两句话。更多的时候，她摁响它，跟我说，下来，拿腌好的芥疙瘩！

是的。自从有了这门铃，他们都不爱上来了。用爸爸的话来说，谁叫你这儿没电梯的。（他那儿有）。

第二，送水的小孩。

其实，他们都是我的老乡，山西人。我一听他们说话就知道，比如汾河一定会念成风河。他们真的很小啊。十七？抑或十八？他们手很大，脸膛都红红的。每次他们摁门铃的时候，都是连续摁，造成一连串巨大的声响，让我狼狈不堪地从屋中的各个角落冲向对讲，以制止那东西狂响。

有一次，我实在忍不住了，跟上来的那个孩子说，你以后不用摁那么多下，因为你摁一次，我就知道了，我总要走出来，才能接电话呀。你要是担心家里没人，就数个五声再摁第二下，好吧？我尽量平实委婉，他还是红了脸，局促地跟我说，嗯，记下了。

可是，等到下一次，门铃又猝然大作。唉。但上来的却是另一个更小的小孩子。他更拙些。这么小就要离乡背井出来讨生活，这对于恋家而又不愿意出来闯荡的山西人来说，肯定非常难。他们正是读书的年纪，怎么就都不读了呢？我不忍心再说什么了。

后来我发现每次送水的人都在换。几乎没有重过。是老板给的钱少留不住人吗？还是骄阳下高楼边那汗水流得太多太咸？我只恨我的楼高，还没有电梯。

第三，离休老干部。

说起来也搞怪。我们这个单元，一楼的三家住户都不知何时销声匿迹了。101是房地产公司。103是烟酒糖果杂货店。102，就是国务院啥啥离休老干部活动中心。

每周一上午是他们的活动时间，许是他们的视力随着年龄增长，他们总是要把我家的号码当作102，他们的活动范围其实只有两室一厅，但竟然每次都能集中30多人。30多人中有28人次以上都不摁102，他们只认我家的门牌号，执拗地要求我给他们放行。

每周一的上午，我要从椅子上起立近30次，好脾气又没脾气地开门。他们还不失老革命幽默地对我说，小鬼，即便我摁错了，也没关系么，你给我开开好了。

有时候，他们聚会的人多，女同志们进不去，就三三两两站在院子里聊天，他们说话和笑的声浪直冲云霄，我便驻足窗前往下看。那些灰白银白的头发，似乎都在宣说他们走过的岁月。满耳充斥着这喧嚣，我却愿意谅解。唯有同龄的诉说，方能解些寂寞。若能解些寂寞，那么，就尊重他们吧。

门铃还在响，它有时急，有时缓，有时彬彬有礼，有时莽莽撞撞，然而不论怎样，它能响起来，我都得到了些许安慰。毕竟，它让我与这个纷繁的尘世有了无限接触的可能。

让我们带上了皮囊，跋山涉水。终有一天，在你敲遍所有人的房门之后，你会来到自家的门口，与你久违的本性谋面。那时，真正的悲欣交集将如莲花绽放，又绽放。

第五辑

带着皮囊跋山涉水

不知归期

我在许愿和还愿中长途跋涉，上山下山。
如同那一年的荡子，不知归期。

那一年，我违拗了父母的意愿，坚定不移地要上山。

他们找出了种种理由，说路上不安全，经常翻车，车匪路霸也多。再说，你去庙里住是为什么呢？我咬着牙不说话。最后他们终于松动了。院里来了郑州的客人，要去五台山玩，我跟父亲说，我搭院里的车上山，这样安全了吧？父亲同意了。妈妈却追出来说，那你回来呢？回来怎么办？我不跟她讲话。自打我遭到她的打击后，我们之间冰山逶迤。

我上山，就没想过回来。我只知道现在我想做的是什么，非常确定，但后面的事情，我不做任何打算。

这一车人，都是搞核工业的，他们和父母有着同样的精神气质。踏实稳重，谈笑风生。在他们的笑容和白发里似乎找不到怨恨，看不出他们心里的事，也看不见他们眼里的泪，对信仰陌生。只有游客，对万事好奇。

秋阳哥哥把我送到集福寺。嫂子的妈妈在这里出家。他跟我说，我带郑州人在五台玩三天，如果三天以后，你想回家了，就跟车一起走。

嫂子的妈妈、姨妈挤在一张炕上。她们的对门住着一位更老的比丘尼。姨妈还裹着小脚，据说很年轻的时候就出家了。

我闷声不响地吃饭，磕头，帮着她们打扫。

姨妈领我去普寿寺客堂。客堂的师父安排我住在一个小屋里。小屋已经有三位女居士。两个年纪大的，一个跟我年纪相仿的。她们对我很友善，说赶紧脱了衣服上炕上暖和暖和，是东北口音，一家子——母亲、小姨和妹妹。她们来看在这里出家的姐姐。

我睡下了，脸朝着墙。她们不时进进出出，很小声地说话。墙上投下秀美的影子，我忍不住偷偷转身去看。在被角的边缘，我看见了那一对窃窃私语的姐妹。她们长得那么美，眉目神似，巧笑嫣然。姐姐也不过18岁吧，甚或更小些？很浓重的眉，脸上有淡淡的红晕，光着头。光头的女孩竟可以这样好看的。我屏着呼吸，生怕惊扰了这一刻的记忆。

我第二次见到这个姐姐是在五观堂。她做行堂，提着和她身材不相称的桶，给大家舀汤。那桶很重，她奋力地捧着，却有淡淡的欢喜。走到人前，她微笑地看你的眼睛，舀一勺汤再看你，你若觉得合适，她便给你送到碗里。她该比我还小个一两岁吧，但为什么我看着她，却想掉泪？那种感觉像妈妈——当然不是正和我冷战的那个妈妈——那是一种超乎年龄和角色的慈祥。她似乎在对一个荡子轻轻地探问：儿食乎？儿寒乎？我望着她，痴痴地想，若我是孤儿，可会疯认母亲？

后来又来了一个女孩。大同的。客堂师父安排我们住到另一间房去。她们俩玩得好，我却无话。那时候是夏天，有结夏安居，有盂兰盆节，我和她们一起去给法会帮工。和普寿寺的小尼姑们一起去听经。

在大显通寺的空地上，居士们和游客们大声喧哗，普寿寺的女尼们穿过潮水般的人群，青衣，草帽，黄色的背包，如轻风的步履，会场竟然在瞬时安静下来。俗人们看见了至美至静的这一幕，张口结舌。那个时候，我真恨自己不能加入这行列，只能顶着万千烦恼丝，隔岸气结。

大法会开始后，上千人一起赶斋。我们三个，蹲在地上不知道洗了多少个碗，感觉这辈子的碗都在那个中午洗完了。轮到我们吃饭了，我站起身来，腿一阵阵发麻，眼前顿时黑了。许多生以前，我在哪里站着？也这样怔忪？也这样茫然？

她们却吃得香。我的饭，和着眼泪吃。

早上，我起不来。衣衫不整地去上早课，又跪不久。偷懒坐在自己的脚上，被执事的师父沉默地看，脸发烧，又跪直。晚上，我睡不着。想着种种的不甘。我要证明我自己！我要向不公平的命运宣战！妈妈却转诉别人的话，你和命运开仗，如卵击石。我恨这个别人。我恨这个转诉的人。我更恨命运。

我辗转反侧的时候，她们在疲累里睡得香甜。

你出家吗？她们俩都问我。我摇头。她们笑。笑容都出奇地相似。似乎有一点意料之中的味道。

你们呢？她们相视一笑。很默契。

我明白了。我在安宁的她们面前，又成了异类。在富贵人前，我是穷困的异类，在顺遂人前，我是苦难的异类，而在已找到归宿的人前，我成为奔波的异类。

你出家吗？嫂子的妈妈问我。我默然。她却安慰我说，没关系没关系，不出家做个好护法，一样不辜负佛恩。

在客堂，我要道别了。终于见到了一直无缘谋面的如瑞师父。她却跟我说，如果这些心愿都不能放下。先去实现心愿吧。去吧。唯独记住，管好自己，一路念佛。我离开了。记住了如师父的话。遭遇匪徒，却一路平安。

这些年里，姨妈圆寂了，嫂子的妈妈当了住持，两个女孩子已出家多年，普寿寺也建设起来，成为闻名遐迩的大寺院。而我当年的心愿实现了，新的心愿又不断地衍生出来，我在许愿和还愿中长途跋涉，上山下山。如同那一年的荡子，不知归期。

等到水落石出

一个人精神的成长，是需要漫长的时间的。不要急于向生活索要答案，知道自己的问题所在，安心现在出现的命运转机。等到水落石出之时，你会发现成长起来的精神力量，能帮助你找到圆满的答案。

从河南回来的第一天，好友小凡给我打来了电话，向我诉说她自认为不幸的婚姻。她说自己仿佛走到了十字路口，不知道何去何从。我不是她，没有亲历她遭遇的苦痛，不可以体会她的悲伤。关于她的爱情，我是合格的见证者，因曾在他们宣誓的婚礼上充当主持人。但在他们彷徨于暗流险滩之中时，我没有资格给出答案。

我对她说，我去了河南。在开封大相国寺的墙壁上，看到了这样的开示：一个人精神的成长，是需要漫长的时间的。不要急于向生活索要答案，知道自己的问题所在，安心现在出现的命运转机，等到水落石出之时，你会发现成长起来的精神力量，能帮助你找到圆满的答案。

小凡不语。后来她说，她愿意在迷茫时分，安静下来，等待自然的水流带着她顺流而下。我很欣慰。觉得与友人的分享可以使远方的开示变得更有价值。

等到水落石出。这是精神成长史中难得的心境。

很多时候，我们都急着要生活给我们一个结果，仿佛看到了那个结果，我们就可以安心。我们爱，就要被爱；我们付出，就等着收获；我们修行，就希望证道；殊不知西方路迢迢，有很长的时间需要过，许多的弯子等着我们去绕，无数的机会将错肩，有缘的人儿会终不得见，然后我们才可以成长，才能够了解痛苦的煎熬，才会去珍惜甜蜜的滋味，也才能知道那个当初盼望的结果并不见得就是我们应得的缘分。

当春华秋实，水落石出的时分，你才会恍然大悟，原来所有的来路和挫折都不是白费的啊，你必然要经过这些惶恐和迷惑，必然要在那些你以为的欢乐和幸福中耽搁，必然懵懂而后觉知，才知道今天必然到来，一切尽在掌握。

记得在云台山，临济宗的祖庭万善寺，我遇到了一个师父。我将同修们平时争论却无法解释的诸多问题都甩给了他，师父一一接住，坦然回答。他说的很多东西我有所听闻，但更多的却闻所未闻。

师父以略幼于父亲的年纪，于1998年才断袂出家，却能圆融无碍地思考和解释人生，我在敬服之余，对自己很不满意。我那种时而明白、时而糊涂的昏沉处境，让我在无边的苦海之中颠簸。我知道彼岸好，也知道渡船就在岸边，可水流湍急，怪石嶙峋，不得上船去彼岸。

师父告诉我，不要急于决定上岸的方法，你以为你确知的并非最合适的，他用他毕生57年的际遇印证了佛法中“闻、思、修”三阶段的重要。多闻而后多

思，多思而后决定修行，循序渐进，等到水落石出。

师父慈悲，在蒙蒙的细雨之中悉心为我解答。我鼓足了勇气，像个幼稚的孩童，问个不停。山色已渐晚，旁听的游客渐渐没了踪影。

告别万善寺的几位隐居的大和尚，我便又上路。想自己一直觉得亲近佛陀，所以应该不会有太多的蛊惑。但太长的时间以来，我都因为这个志得意满而耽搁了自己。“了解并非证悟，证悟并非解脱”，所以自己才会反反复复，折腾不已，不得解脱。似乎你明白了，但你没有身体力行，没有在实境中加以验证，你对师父说，我会持戒的，但美酒飘香，佳肴面前，美少年在身边，你还了解那戒律的真实含义和本来面目么？！守着一座大山，天光变换，斗转星移，风景尚且不同，何况经文在文字背后的那层层深意和殷殷诲言呢？看一本经，非毕生时光不可以穷尽啊。

也曾有过对经典侃侃而谈的时候，但被人问一句“你在生活中实证过吗”，让我不能不汗颜。在理论上的字面理解和似是而非，在生活中的烦恼依旧和辗转反侧，我了解的和我所热心推广的，有哪一样是心心相印的呢？

惭愧心让我平添了脚力，在暗夜的泥泞山路上健步如飞。

但愿等到水落石出的那一天，我可以无悔这曾经的暗夜和曾经的泥泞。

随喜功课

随喜：见人做善事或离苦得乐而心生欢喜。

灵岩寺。位于泰山的脚下，少有人拜谒。于我，更是从来不知道的一家名刹。

无意间走过厅堂，听见有云板在响。我欣欣然走进，成为这一课唯一的优婆夷，独自站在佛的右侧，无声默立。鼓声渐起，有当家师开始领赞。他目光悲悯坚定，声音舒缓抑扬。随后众声吟哦而出。我在彼时看见了缘起。

1992年的秋天。在清凉山的夜里。我和修律的小尼姑们同眠。有闽南的沙弥尼在放《地藏菩萨本愿经》，我在床的角落里悄悄地聆听，听得自己心惊神摇。那是大悲之声，令人喟叹觉醒。它让我觉得和自己接触的深刻意义……不要让他物来蒙蔽你的内视机会，而对你的心灵观照进行殖民统治吧。在那一瞬间，我不再耽搁于追究的烦恼，发现了不用去找路，安住当下的无限妙处。

灵岩寺的山风轻轻地吹进大殿。在斑驳的石板地上有渐渐西斜的日影。日头升起来了，然后又落下去了，如是往复，日月经年。它与我的变迁互携，彼此进入，又独立存在。没有许诺，不用相守，互即互入，又不离不弃。我的心为这起起落落的吟唱，闪闪灭灭的天光安住而自在。

想起了曾经出离的灵魂，她无比慈悲地看着我的肉身，那美丽的躯壳端坐在蒲团之上，毫无知觉，远离苦乐。在那个时刻，莲花国和娑婆地都变得不再重要，它们在与不在都不是修行者需要了解的东西。没有什么是你必须要得到和享有的，它们从来都没有失去，它们都若即若离地存在于你的身边。你哪里都不用去，只需要安住当下，老实生活，在你的脚下，就是快乐的净土。

佛曾在《胜妙独处经》中云："何等为胜妙一住？谓比丘，前者枯干，后者灭尽，中无贪喜，是婆罗门，心不犹豫，已舍忧悔，离诸有爱，群聚使断，是名一住。无有胜住过于此者。"这就如同过去事已灭，将来尚未到，生命只能从当下发现。深入观察当下发生的事情，但不执着于它，这是独处最美妙的方法。独处并非一个人孤独地待着，它是与周遭的世界紧密地依存在一起的，它是时刻保持着觉照的生活方式。它帮助我们无助动荡的心灵找到安详自足的所在。它让我们在默然少语中摒弃了麻木无知，发现了细节，看见了真相，并因此获益无穷。

过去是内心的习气，将来是现在的麻醉剂。在过去的那些时刻，由于没有觉悟，它的后果延续到了今天；将来亦如是，它让人们误以为现在的苦难和快乐是会过去的，而如果你对现在缺乏观照，苦难和快乐就不会真正地过去，它们将成为你每天要背的十字架，与你无知的灵魂日夜搏斗。

只有安住当下，扎根在你现在正在经历的劫中，深刻地进行觉知锻炼，你被赋予的生命才不会被你的混沌懒惰所浪掷。越南的高僧一行禅师有言："生命不是一个特殊的地方或者终点。生命是一条路。行禅就是无须到达目标地走，每一步都能为我们带来安宁、快乐和解脱。这就是我们为什么要以无为的精神来行走的原因。没有通向安宁和解脱的路，安宁和快乐本身就是路。我们与佛，与解脱，与幸福的约会，就是此时此地。我们不应该失约！"

止，而后观；安住，而后觉。你在控制中得到了力量，在无为中得到自由。在玄奘师父加持你紧箍咒时锻炼出收缩自如的猴头，在坚守严酷的戒律后做饮酒吃肉的济癫。安住当下，作随喜的功课，佛国不用去，足已在西方。在你拈花微笑的此刻，什么都不再能够伤害和动摇你的身心。你富足地在着，善良、慈悲、美丽而光辉……

带着皮囊跋山涉水

皮囊：即肉身，佛家也称此可坏之身为皮袋，我们都是借住者，那可坏之身绝非真我。

2003年的春天。没有哪一年会让我如此记忆深刻。硝烟弥漫、偶像自戕、病毒横行排着队进入我们的生活。五一节的北京街头，柳絮飘飘荡荡，香山碧云寺的桃花开得锦簇团团，然而，静谧而暧昧的午后时分，路人稀少，春光她寂寞地张望，又张望。

当日复一日的三环路拥堵、念不完的书、做不完的工作、开不完的会、应接不暇的考试和推脱不干净的觥筹交错都在瞬间停顿下来的时候，人们开始恐慌。我们的时间是租界，被生活万象所殖民。日子久了，连自己都不知道汉语是母语。你可以恢复你的语言，是谁，告诉我法则已暂时被搁置，自由身现在有了归属？

我的朋友驱车千里，回到家乡的别墅，笑称自己的坐骑从来没有像今天这样受到重视……那是这个时期的诺亚方舟，让他远离眼前的灾难。是末世末劫吗？他问我。我却摇头。去看发生在我们身边的每一件事情，不要再到处寻访什么暗示。我们从来都不能够静下心来，看事情本身的纹路指向。其实，那里面的深意，只要你去看，就一定能看到。

伊拉克战争，每天都有无辜的人被剥夺生存的权利，我们远隔千山万水地看着直播，漠不关心，甚少动容。是啊，这个世界从来就不太平，总有人要流血牺牲，纵使我们不忍不甘，又奈何之？

继而，愚人节，张国荣死了，死得如此让人猝不及防，令所有看着他的电影，听着他的唱片长大的人唏嘘不已，他们感叹着自己繁华的青少年列车随着那个坠楼人的消失也终告到站。这时，忙碌的是报社和杂志的编辑，他们以最快的速度撤换掉这个时代天天制造的八卦垃圾，挖出所有认识张国荣的亲朋，扼腕叹息，虽然这些亲朋没有一个可以挽留他的生命，解决他的烦忧，治疗他的疾病！痴心的读者们都掬一捧泪，伤几天心，随后，风继续吹。比起那些在战争中消亡的生命，张国荣，起码我们认识。

再接下来，是SARS的迅速蔓延。从最早人们的饭后谈资蔓延到你身边的人逐渐地被隔离，它离我们如此之近，以致在我们发现时，如此震动。只有真正关乎了你自己，那个深埋在内里的本性才真正停顿，反观自省。

仅仅就是这样一个渐进的次第，我们也应该感恩啊。

很多人开始疯狂采购，维生素和抗生素成了家常便饭，而超市里的消毒液永远紧缺，每个人突然像医生一样洗手，隔着八丈远Say hello，走在街上像精神洁癖的晚期患者……在这一刻，这受之父精母血的皮囊被突然珍视。

大多数人并非无视身体的存在，我们每一天的奔波几乎都是为了满足这身体的欲望，身体为我们的一生描画了蓝图，为了这蓝图，我们已经上路多时。但，有谁真正观察身体的本来价值？它，难道只是为了让我们不停顿，吃苦受累而不觉醒吗？

它饥饿口渴，便有美食佳酿；它困顿无囿，便有土木大兴；它孤苦无依，便有海誓山盟；它贪生怕死，便有灵丹妙药；身体的欲求使人类焕发出从未有过的创造力，它几乎改变了世界的容颜。但这些外在的改观不是我们来这世间的唯一目的。我们改变的一切，不单单是为了满足最初的欲望，而是通过身体，映照出身体在欲求之外所担负的使命。那是最重要的内核。

过于重视这个皮囊的结果，就是只关注它的欲望的满足，而忽视了它是桥梁，它能够给我们带来灵光的挖掘和本性的显现。那也是为什么很多人一次次地去谈恋爱，一次次失恋，而每一次的经历于他们，只有伤疤，没有觉知。

如果经历只能给人带来不断的损伤，而不是其他的话，经历就没有价值。如同这皮囊，我们一次次地穿上它，就像穿上我们的换季衣服，我们根本不认识不了解它，所以衣服换下来，弃置如敝屣，没有价值。有人在历尽沧海之后感叹，为什么受伤的总是我啊，是啊，永不觉知，只有伤害了。

但是同时，你要小心，不要像修行者那样，掉入鄙薄皮囊的泥淖。这个身体，虽然只是一件外衣，但穿在你身上，自有其深意。你得通过蝉蜕一样的过程，观照、依赖并与之保持距离，才能从衣服的款式、皱褶和颜色当中剥离出通透而无挂碍的你。

苦行的人，往往从最初的破执开始，用尽方法，使皮囊受苦，但即

使皮囊被折磨得奄奄一息，如果你不觉知，外在的形销骨立对得道仍是无济于事，皮囊是资粮，是修莲的火境，如果你愤恨那个欲望的所在，就连这个欲望所在都一起毁灭的话，觉醒又从何谈起呢？要知道，觉知也在欲望当中啊。

你永远不能非此即彼，在两个极端之中选择，无论左右，无论上下，它们都会与本性失之交臂。本性存在于两极之间，它要求我们不偏不倚，了解身体却不执着于身体，认识身体却不蔑视身体，可以出离而未远走，能够达到却不沉溺，慈悲喜舍由此而生起。

到那个时候，衣服可以扔掉，价值已经完成，世间万象从此静默，不再喧哗。你所经历的这一切劫难，将全不白费。而这个春天所发生的一切，也不仅仅是个史实，将载入史册，将与你无关。它，是个契机，改变了我们的生命认知。

让我们带上了皮囊，跋山涉水，终有一天，在你敲遍所有人的房门之后，你会来到自家的门口，与你久违的本性谋面。那时，真正的悲欣交集如莲花绽放，又绽放。

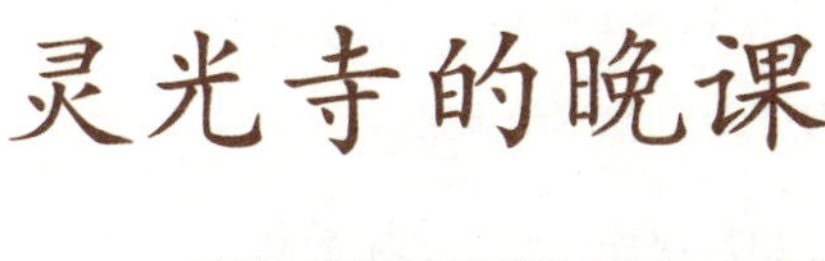

灵光寺的晚课

晚课：系佛教早晚课诵内容之一，是佛教寺院每天定时举行念持经咒、礼拜三宝及梵呗歌赞的修行功课，又称朝暮课诵。早课一般在凌晨三点至五点，晚课在下午四点

去灵光寺的时候，已经是下午。辗转着坐车，在三环上拥堵半天，到了山门时，已将至四点。四点，晚课就要开始了。

想来寺里，是为寻一行禅师的两本书《活在当下》《与生命相约》。这两本书，散文体，有些自传味道，又有些像禅悦日记，于三年前得之，后来送给英子。因为喜爱，又请过一套，结果因为小叶妹妹讨要，便又舍之。

灵光寺内有三处可以请得经书的地方，我匆匆地前去，虽然被告知那两本已经脱销，却看到了宗教文化出版社出版的一套六本一行禅师的新书，便满心欢喜地买了来。背包顿时重了许多。

我捧着书坐在子午莲池旁的长椅上，已经有一家人在那里安静闲坐，老头儿，老太太，儿子，孙子。三代人长得很像，父亲和儿子都有些谢顶，他们全都不出声地看着水面，那副情景让人好奇，却不敢惊

扰。我循着他们的视线看过去，看见池中的金鱼竟然围成一个圆圈，追逐嬉戏。间或有几只大鱼，黑色，脑袋露出了水面，鱼嘴一张一合，也要呼吸这陆上的空气一般。那黑鱼仿佛知道人们的心意，你不注意它，它便欢跃；你若守着等着看，它便无踪。我不禁也呆住。

坐在莲池旁边，麻雀、鸽子和喜鹊此起彼伏地飞着。鸽子们站在庙宇飞檐上的麒麟像上，小爪子全然不顾地抓着异兽的脑袋。麻雀们恬然地踱步，只要你端坐不动，它便会踱至身边来寻食，它若高兴，还会打量你两眼。

池塘里，睡莲已经不见了踪影。幽深的绿色，只有鱼儿欢快不眠。

我坐在这水边，噤声息心，生怕自己过于莽撞，惊了这份静谧。万物如果不怕人，该当此景了。

云板在响。晚课开始了。我站在玉佛殿的外面，轻声和唱。殿外，零星的几位游客也驻足合十，他们的默默让我感动。尊重，是门外人最可贵的态度。师父们出来绕殿了，一共十五位，大僧师父后面，是几位女居士，也都穿了海青。我看着师父们，心里突然有些感慨：众僧相，如众生相啊。他们或金刚，或慈悲，或学究，或眉目清秀，或行止从善。也有从面目上透着病痛和哀伤的。作了披剃和皈依，想是有着不为人知的大缘由吧。

亲佛，是需要遭遇，需要放下的。站在殿外的我们，不也是一路要着，追寻着，苦苦问着，然后来到殿外，学着放下，学着舍弃，学着经历苦却不以为苦的吗？

师父们默然出殿，这时天微微落了雨。我征得守殿的居士同意，进殿礼佛。看见观音，看见无数的人被接引，那牌位之多，密密麻麻，如同我们生而为人的种种疑问，需要答案，需要被告知，需要被开启。

我便又落了泪。爱弥深，缘已尽，万千不堪，独自吞咽。这奔劳无尽的生涯，该用怎样的心胸装下？

作家废名有言：捧一颗虔心，寄念天下诸般孤弱。南普陀妙湛长老圆寂时亦留下偈语：应怜世上苦人多。而这玉佛殿的观音像前，写着：愿生西方净土中九品莲花为父母，花开见佛悟无生不退菩萨为伴侣。

苦海无边。但若只是沉湎深味而不觉察，岂不辜负了这些貌似苦相的因缘？想那宝玉，不正是在切爱之时了断背身，以一己之痛伤众生之痛，由此发担当之心的吗？老太太哭道：你原本就是个石头，为何哄骗我多年？唉唉，这哄骗相扰的人生，不过是为了让我们了知无常的真相啊。

在无常中轮转，懵懂不觉，稍有觉心，又常为剑尖上的蜂蜜所迷，由是耽搁，由是迷茫，由是不能放下，由是萌发退转。苦，不足叹，唯有苦中作乐，尚不自觉，着实令人扼腕叹之！不闻法，不足叹，那有闻法善缘却不能相机应用、生起信念者，才真正可叹啊。

雨下大了。我不撑伞，信步下山。雨丝，受之于天的甘露，为行者拂尘。有登山的人错肩，矫健身影，倏忽隐于黛色山峦之中。

西山脚下，村落里的炊烟又起。人间烟火，与静默兰若，原本便相携相契。由烟火识兰若，由病知药，由苦知无常，便是今日最好的晚课。

垭　口

垭口：两山之间可通行的狭窄处，往往是逼仄到极致的地方，十分考验人的忍耐力，若坚持，必将豁然开朗，柳暗花明，这是应该怀揣期待的所在。

原本打算去一趟五台。想起每次这个时候去，那山谷里清冽的溪流和凉爽的风。还有一蓬蓬的野花。甚至都有师兄托我给如师父带书。

但还是没能去成。去五台于我，历来不易。每次都要真的下决心，要万事俱备，没有一点点违缘才可以。

台怀镇之外，还有很多山。往深处走，都有寺庙。那儿都不是旅游点，但都非常好，朴素，坚韧。

我如果去那里，就住在农民家里。5元，10元一天。雪白的被褥，稍稍有些潮湿。屋子里虽然没有洗手间，但起夜的时候，可以看到清朗的月。睡到凌晨，就能听见钟声。会有人在那个时候，祝福我们。

在憨朴的老乡家里，我可以自己做饭。老陈醋，刀削面，扔几片青菜叶子和西红柿。尽管我那么爱巴蜀，常常把他乡当家乡，到了饮食上，骨子里还是挚爱黄土高原的简单。

在那里，我都是走着。不坐车，不结伴。自己一个人归乡。

21岁，去还愿，一天翻了两座山，走的路不知道有多远。把身上所有的钱都捐了。然后，背着妙师父给的厚厚七本经书离开。站在五台县的火车站站台上，我看见车站房顶上的那只鹿，悄悄背身，流了一脸的泪。

你让你妈放心，有五个菩萨跟着你呢，不会出事的。如师父跟我说。我不知道他们是谁，但我相信。我拿什么来报答呢。想起这个，我心里的潮水就忽忽地涌流。

妈妈跟我说，还是不要去了吧。拜佛，在家里一样好好拜啊。她这么一说，我就决定不去了。其实，只要我心里想念着它，它就和我在一起了。

下午的时候，在草席上，我听见那个比丘唱：销我亿劫颠倒想……我立时便前往了。

那是垭口，风似有似无。我上了座，披了毯子。心很暖，身子很轻。师父唱得真好啊，加持我离开时空的局限。

不必开静，就在此坐罢！

不必奔劳，就是此处了啊。

自谘：一般指僧众于七月十五（农历）结夏安居完毕，于大会中，任由众人恣举自己所犯过错，并当众忏悔。是批评与自我批评在佛教中的体现。

朝礼白塔后的自谘日记

星期六的下午。太阳当头照着。

我和几个同修师兄提前来到了妙应白塔寺。道友青茹发心供养堪布师父，并且一直在为五明佛学院剪辑纪录片，所以，我们这些学佛的同修才会有了这样一个缘分，得以亲近上师。我们不想迟到，所以早来了，等着师父。

白塔寺，我以前常来，因为临近广济寺，旁边又有几家不错的佛教书店，加上这里非常安静，所以，但凡要来，总会逡巡大半日，有时候也会什么都不想，只是来绕绕塔。

但近两年来得少了，印象中，白塔寺总在翻修，常常掘地三尺，像北京的三环路，刚刚铺好了路，又挖开，每一次重复建设也总是有着各样的理由。

走到大门口，发现一年前掘开的地依然裸露着，殿堂之间全部是大坑。工作人员说还在修，不能进。于是，我们绕道。我记得在白塔边上，还有一个小铁门，以前修院子的时候，我就曾经从这里走过。大家跟着我一起走进胡同深处，快到白塔时，眼前的景象却让我瞠目结舌。原来的铁门不见了，与白塔咫尺之遥，垒砌了砖墙，而墙下面，赫然一座厕所。

大家哑然失笑。我颇为愤愤。指着小巷里十步之外的另一处厕所感慨：至于么？这么近，要建这么多厕所？！这这这，多不如法啊！师兄笑我着相，说心里干净，何见污秽？

唉。

青茹打来电话，问我们是否已在路上，我告诉她我们已到，只是寺庙在修，不能进去，但也许堪布师父来了，可以商量。我心里暗暗思量，即使不能进去，堪布师父也不要走到这个胡同里来啊。让他看见那白塔下的厕所，多不好。

于惴惴中，师父来了，随行的还有他的一位侍者。两位尊者，真的是非常飘逸漂亮，他们红色和明黄色的僧衣，在初秋的风中悄悄地飞扬。一个师兄马上上前顶礼上师，上师赶忙把他扶起来说，不要在外面顶礼。上师想到的，是更慈悲的方便，不想以此惊人，反成触扰。

青茹上前跟门口的工作人员说，是否可以看看白塔，师父想去拜一拜。工作人员严肃地说，不可以。如果要进去，必须盖五个章，请示N个领导，才能放行。又有师兄说，上师难得来汉地，从东藏跋涉千里，这是他很久以来的心愿。

那工作人员一脸正气，说就是从美国来，从火星来，我也不会放行。这个可爱的小伙子就像我们小学课本里那个严守纪律的卫兵，坚决不让忘带工作证的列宁同志进院上班。对他的尽职尽责，我们无话可说。师父远远地唤我们，说可有小路，能够绕道？只要能近一些看看白塔，就足够了。不要给别人的工作添麻烦。

我硬着头皮给师父带路。并解释说，那塔下面有个厕所。语气中内疚之意，惭愧之情，就好像那厕所是我盖的一样。师父笑了，说没关系。青茹也笑说，师父不会觉得厕所有什么问题，师父只会慈悲众生的无明啊。

堪布师父沿着胡同走了一圈。他看塔，如此专注，如此真诚；我们看他，悄悄观察，默默景仰。在塔前，他面露笑容，深深合十，自言自语说：多好啊，像五台山的那座大白塔，都是一样的庄严，一样的好啊。赞叹之后，师父拜了下去。我心内感动，随堪布师父一起全心拜塔。在拜下去的那一刻，心中清净，一尘不染。

这次亲近高僧，对我来说，非常难得。我是个疾恶如仇的人，或者说，是分别心颇重的人，对很多人和事保持距离，并且对那些甘于深陷泥淖中的人很难生起慈悲之心。对自己，经常毫不留情地手刃，对他人，亦是如此。稍不如法，便成烦恼。常常戴着自己以为真如的眼镜衡量别人。包括师父。我甚至害怕看到不如法的师父，怕动摇自己的信心。我也知道，应该多看自己，少看他人。但习气使然，一直以来妄想执取不断。

对于很多作恶的人，狡诈的人，并且坚决不认错的人，我缺乏平等的观念和持久的耐心。很多时候，会觉得佛菩萨真的伟大，这样的众生，还不舍，还要化现诸多方便，给予机缘。

扪心自问，我的最高理想（以前和目前）就是离此娑婆世界，永不再来！并且我知道，没有任何人和事情可以阻挡牵绊我的这颗厌离之心。好的地方谁不向往？娑婆之苦谁愿沉溺？

然而我也知道，这个好坏、苦乐之分也是我的妄执啊。心随境转，苦乐分明，我执仍在，无明炽燃。

当我遇到上师，问起自己应该选择什么相应的法门时，师父答曰：进得门了吗？就选法门？

我便又问，怎样才算进得门来呢？上师说，先有出离心，再有菩提心。我哑然。

上师开示说，出离心就是为自己的生活确定新的目标，不是为了五欲而生活，而是为了解脱而生活，在这个基础上，要发起菩提心。菩提心就是为了度尽一切众生而发愿成佛。能力不够，所以才发愿成佛，以度尽一切众生。这两点是在家人学佛的基石。

我听得脸上发烧。我不得不承认自己的局限。我是自私的。我慈悲自己认为可以慈悲的。我漠然自己内心感到叹息的。这个菩提心的生起，我无法、又无力。我的所谓是非判断，我的严重的分别心，是我的习气，不能放下，由是成为烦恼。

虚空必然粉碎无疑，但知道并不等于证悟，证悟并不等于解脱。

菩提路远，习气猖狂，那是我习惯了的“温床”，让我在堕落之时自在，堕落之后愧悔。由是辗转，由是耽搁。

之所以痛苦，是因为我看到我们的智慧和定力直至现在，从来没有打败过习气。这个挫败感让我们几乎失去信心和忍耐。

之所以痛苦，是因为我们听闻了善法，却一再地错失和遗忘，在需要应用的时候，根本想不起来。我们即使知道这个方法论，却又不能真正地形成我们的世界观，不能由苦相解脱出来，故而只能见苦执苦，放不下苦，成为忧患。

所以，真正自在的佛才会说，实无众生可度。而我们，有人我分别之患的凡夫，才会戴着习气的眼镜，悲天悯人，而不自救，这才是真真可叹！

这一生，所为何来？每一刻，我都在深深地自问！我曾经听闻善法，但我能够时时守住这颗真心，不掉举，不退转吗？！那种种习气的陷阱，我能够保持警醒，不沉溺于其中吗？！觉者告诉我说，狂心歇处，即是菩提。然则狂心歇了又起，菩提与烦恼错身相继。习气和智慧从来都在较量。稍有怠惰，便溃不成军。

我看到《楞严经》中，佛告富楼那云，此迷无本，性毕竟空。昔本无迷，似有迷觉。觉迷迷灭，觉不生迷！！可见我那所谓再起之狂心，从来都未有过真正的停歇，如果真的歇下来了，菩提生起，又怎会再次堕落？！

上师说，从世俗谛的角度讲，由于无明还未消除，由于还没有完全证悟，修行者会断断续续，不能长时处于智慧之中；而佛是完全证悟者，时时刻刻都在那个境界里。这就好比噩梦与好梦是修行者路上的分别，它们都是梦境。而在究竟的佛之境界，这些都不存在。那是此岸与彼岸的合二为一啊。

我看到很多人和我一样。常常为自己的习气感到惭愧。人能自知，是改过的基础。但若只是知道，却不能身体力行，看到苦，却不能拔苦，这是多么可悲的事情啊。烙印不是仅仅用来回忆的，它自有来意和深意。如果不珍视，反倒执取，烙印就成了包袱。

以是为文，激励自己。

乔达摩的弟子们心常醒觉

我负命而来，
只为和慧命遭遇。
只为重新认出自己。

卧佛寺。

空山万里。瓢泼之雨来于天际。

我们五位同修，在参拜完佛涅槃像后，被阻雨中。

于是，我们在殿里坐下，与安详入灭的佛陀对面。

一位师兄感慨：佛陀是在挽留我们吧？大家均静默。

雨点颗颗粒粒，直落脚下，与青石相碰撞，开出千万朵水花。

沁人心脾的凉意，夹杂着鸟儿振翅的微声，向这心，这耳鼓袭来。

形容你自己一下，你是什么性格？

我不假思索地回答：金刚。愿以雷霆力守护，愿效大丈夫担当。

不可承受的是轻。唯负重与远行，与我投契。

那你为什么耽搁。

为厌离心重，为烙印太深，为怕一放手便永诀。

不敢找师父问询，怕一问询便弃绝所有，只为现时的慈悲停留。

师兄们为我把脉，告诉我，不要因为惧怕而缄默。

缄默是耽搁上路的障碍。

我愿意就此常坐不起。坐下来，无论寂静山林，无论鼎沸人声。

很快地，这身体便成了尸体。触觉顿失，空留皮囊。

自少年时代，有此经验后从不退转。

坐，无我的出离。无时空维度的存在。

坐，似久违了的法印。无生疏的路径。

坐，神态和相貌成了壳。它们如同纸屑，纷纷凋落虚空。

有快乐的时候吗？

有的。

在心意不散乱的时候。

在小事情一件件完成的时候。

在分享和为他人谋福利的时候。

在以自己的力量报答父母爱人恩德的时候。

并且知道，这个力量是发乎内心，但如有神助的时候。

我一点都不为自己担心。

我只是在延续上一世未竟的事业。

我负命而来，只为和慧命遭遇。只为重新认出自己。

这个使命，如此清晰，不能忽视，不可以昏沉掉举。

所有的一切都会逐渐显山露水。

悲喜，根本是无影踪的事。

早上准备出发的时候，梦见自己上了峨眉的金顶。

那不是尘世中的青山。山上没有寺庙。

金顶因为风蚀，显露出些微菩萨的面容。

又看见礼敬三宝和礼敬戒律的谕示。

这个地方来过的。

孤峰顶上的莲花座啊。

我们都是乔达摩的弟子。

愿心常醒觉，早日能归去。

洛迦转经路

普陀山旁边有一座小山，名洛迦，相传观音菩萨在那儿修道，修道成功后从那里一步跨到了普陀山，然后在普陀山大弘佛教。转经的本意是转经轮，为西藏佛教的一个仪式，修行者或信徒转动刻着经文的法轮，颂咒，祈愿，这里用来喻示寻找生命的真谛。

一

一直不敢去普陀山。因为那里有海。

从小到大，经历过三次溺水。当身体沉入水底时，声音失去了效力。大睁着双眼，没有时间，没有空间，只是下沉，下沉。无声的告别一再被演练，关于水的难以名状的体验被恐惧无限放大。被人打捞上来后，不敢告诉家里人自己的失足，不敢向人描述彼时的绝望和无助。那记忆不可以分享，不可以转嫁，更不可以言说。

所以，四处佛教圣地，我把普陀山放在最后来朝礼。

小的时候，因为父母工作的基地就在峨眉山和乐山之间，所以每一年的春游都和这两个地方有关。峨眉很秀丽，曲径通幽，翠竹掩映，总是在不经意的一转身间，就能看到最宏伟，最威严的庙宇殿堂。在我童年的印象里，那儿的寺庙大多是黑色、棕色、铜色与木色的结合，显现出普贤菩萨最为深沉、古朴的胸怀。

后来回到了故乡，以一个少年游客的身份去五台山玩耍。对比了峨眉之秀，第一次见到五台，说实话，是深深的失望——五台是个盆地，以台怀镇为中心，五座山峰环绕而立，因其山顶均呈平台形状，而称为五台。他对外开放的庙宇很集中，但塑像与四川的大不同，在我幼稚的心里，分别着佛像的样貌、质地、气势和色彩。但是，没有想到，我会一去再去这个地方。

在我迅猛成长，如饥似渴地追寻着生命真相的少年时代，我目睹了身边亲人的披剃和离开，亲历了在自己的困顿中呼喊与细语的过程。而随后三年一次的如约朝拜，我从狭隘的眼界里跳将出来，才知道抛却游客走马观花般的行走，才能遇到最为朴素的修道者。在五台，只要你愿意，你发心，你笃定地寻访，便一定可以顺着溪流，跟随云朵，来到游客们永远不会谋面的深山。在那里，有古寺茅棚的悠远钟声，有不动尊

者的灵魂舞蹈……

大学二年级，给韩国人书写地藏，写完之后，感染了耳疾。觉出自己的业障深重，不敢与菩萨攀缘。我的妄想是如此之多，怎能以有漏之身去见悲愿地藏啊？唯有默默地侍立，远远地观瞻，便已经心满意足了。如是经年，在退转的初心重新遇到法缘时，我来到九华。这道场完全出乎我的意料，竟然兼具雄浑柔美于一身，阴阳调和，形神兼备。远观九朵莲花次第开放，近看却笔锋锐利，面貌清峻。朝礼九华最大的收获，就是力量的传递和增长，那悲愿的力量，使锡杖震开了解救之门。

这之后，师父就嘱咐我们几个同修的佛子，开始共修《地藏菩萨本愿经》。我是因为这个因缘，亦是因为这个功课，才敢、才能够鼓起勇气，发心完成朝山之旅的。是因为诸佛菩萨的一再眷顾和不舍慈悲，才有缘分踏上去往洛迦山转经的路途的。

当我满含着眼泪，回想着这忘失和痛觉的漫长路途，我终于能够深刻地了解，“南阎浮提众生，其性刚强，难调难伏，是大菩萨，于百千劫，头头救拔如是众生……自是阎浮众生，结恶习重，旋出旋入，劳斯菩萨，久经劫数，而作度脱”。

也终于听见了本师释迦牟尼佛在入涅槃前，殷殷嘱咐地藏菩萨的句句真言：

地藏！吾今殷勤以天人众，付嘱于汝，未来之世，若有天人、及善男子善女人于佛法中，种少善根，一毛一尘，一沙一滴，汝以道力，拥护是人，渐修无上，勿令退失……是诸众生，若能念得一佛名，一菩萨名，一句一偈大乘经典，是诸众生，汝以神力，方便救拔，于是人所，现无边身，为碎地狱！

眼泪流下来的时候，它化作了甘泉，它告诉我，洛迦山，观世音菩萨修道的地方。彼处，海天相连，梵音曼妙，而那路途中，32应身像遍布。只要我们放下所有的固执，把这路途的经行当作洗涤身心、手刃我执的修道良机，我们一定可以见到那最为珍贵的摩尼宝珠！

二

启程之前，还有一件事情没做，就是去北海放生。这是我们和猜猜师兄、小王子师兄自共修以来的约定。这两位师兄都是我生活中的朋友，小王子比我低一届，是表演系的，十年间一直都来往不断。猜猜师兄是她的老师，在表演系教形体课。我与他，一直以来是点头之交，很亲切，却也没有什么更深的交往。

两个月前，小王子告诉我，猜猜师兄开始学佛了，希望能来茶坊一起喝茶。我以为是玩笑话，就笑着拒绝了。我不能给任何人做榜样。不敢，也没有力量让任何人因为我的劝说来坚定他们自己的信仰。然而，小王子还是打来电话，言辞恳切郑重，我于是不能怠慢。

猜猜师兄以习武之身，在非典时期接触瑜伽，这个时候，生活工作在他身边的众多佛子开始从盲区显现出来，他才发现被他忽视了九年的宝藏原来就在身旁。

与猜猜师兄的相见，对我的影响很大。他充满激情的诉说，不容置疑的感染力，闪耀着睿智光芒的正见正知，都让我非常汗颜。一年的初学者，却对佛法的认识有这么深入、到位的阐述，他的出现让我惶恐，也映照出我那痛心的漫长徘徊。猜猜不经意间告诉我们他每天做的功

课，他的精进让我望尘莫及，我做不到，并且从来也没想过那样去做。这之后，他只身去了五台，法缘殊胜，不可言状。

而这之间，小王子师兄发生了巨变。她笃定地行愿，慎独地用功，打开了她多年来甚少开放的心灵，她的言谈甚至气质都有了明显的变化。我十年的好朋友，生活中有许多解不开的忧愁，她悄悄地自己扛着，蜷缩在自己脆弱而微小的壳里，慢慢地等待着答案。我从来没有帮助过她，为她分担，为她解答，甚至，我都没有真正地关心过她的眼泪和痛苦，我竟然不了解自己的朋友，对朋友的苦恼毫无知觉。然而，她慷慨无心机地出现，以她的勇敢和决绝，给我示现了行动的力量！这是怎样的布施啊！

他们两个人的适时造访，撞击了我长期昏昧茫然的心。我总是说的多，做的少。我骨子里的投机取巧和贡高我慢，让我迟迟提不起行动的信心。我躲闪着行动，期盼有更简便直接的办法，故而我踯躅掉了那么多那么好的时光。

我终于翻开了旋读旋忘的经文，开始做功课了。

北海放生，是我们这次行程的起始。看到鱼儿欢快地入水，小乌龟也扭扭搭搭地下岸，有人走过来问，你们在这边放，那边就有人往上钓啊。猜猜师兄告诉他，不能因为有人在造恶，我们就停止行善。

北海，是北京市区内不允许钓鱼的地方之一，相对来说，放生是比较稳妥的。但确实有人悄悄地置禁令于不顾。我们能让每一个人，每一个众生，现在、马上、立即知道他在做什么吗？我们的力量不够，所以才要学佛啊。

小王子师兄听到我们第二天就要启程，她着急了，问说，我现在决定跟你们走，可不可以？于是，我们又去买票，结果非常如愿，同在一个车厢，相距不远。

其实，就在那个时候，我开始生病。先是头痛，继而感冒，两边的牙龈也肿痛起来，礼佛忏悔时右边的手腕竟然也扭伤了。呵呵。就是这样的。我是如此地了解这具业障重重的皮囊，它总是在冷冷地打量着我。青石师兄问我，你还走吗？我笑，是的。他又问，那你这些病……我说给皮囊听：让它们病去吧，我却一定要走了。

身体啊，我借助修道的资粮，我不和你作对，但也不愿意上你的当，我不以你的假象迷惑我的道心，你先病着，我要走啦！

三

苏州，灵岩山寺。

若没有一位师兄的提醒，这个目前全国最大的十方净土共修道场差点要被我们错过。灵岩山不甚高，寺院也不大，不是旅游的地方，但香火还很旺。放生池里的乌龟多得几乎站不住。僧人们往来穿梭着，非常安静自守。初夏的味道在简朴的寺院里弥漫着，这是我所喜欢的味道。

从灵岩山寺出来，向天王殿的老居士打听灵岩山寺是否供奉着通愿老法师的舍利，老居士说，这个他不清楚，但就在我们来寺庙的山路上，倒是供奉着印光大师的舍利塔。我们听了，颇有些意外之喜，来时完全没有注意到，若非指点，终不能至。

走到印公塔院，门虚掩着，亦未挂匾，青色的砖房隐在绿色藤蔓之下，深居简出，毫不张扬，完全再现了大师当年的风范。一进门，首先看到的就是印公留下的许多墨宝——

佛既丈夫，我亦尔，敢不自勉力修持！

死，学道之人念念不忘此字，则道业自成。

很小的时候，就知道印光大师，他有很多非常浅白、直入人心的话，记得最牢的就是那句“只看好样子，不看坏样子”。在法莲师那里，更是因为有吃饭剩饭的毛病，师父以印公一生惜福、连涮碗的汤都要喝掉的修持来敲打我。所以，当我于今跋涉了千里，亲见到大师的德相照片，五彩舍利照片，以及遗留给我们后人的这些凝练字句时，那穿越了时空的垂范和警示，刹那直扑心田。

纪念物陈列馆的对面，就是印公的灵塔了。我们四个同修在午后的阳光下，缓缓步入。一位法师正坐在塔院的门口，笑意盈盈地望向我们。

从很远的地方来的吧？师父问我们。

我们点头。

拜塔绕塔之后，我们坐下来。这位来自灵岩山寺佛学院的道学法师刚刚从苏州城里办事归来，在塔院歇脚，也是刚坐下，就遇到了我们。相逢从来都是不经意的他结缘给我们两张光碟，没有寒暄，并不认识，但交流的发生就是如此自然。

就在印公的塔前，他告诉我们，灵岩山寺，目前延循的正是大师当年所立下的丛林规矩：专心念佛，不行法事，不务繁华，不攀外缘。寺庙不妄拟建筑，除非不得已才小有添造，但只要够用就可以了，不能以多建来图个宽敞。正是这种把物质欲望的需求压缩到最低，外尘的干扰摒弃到接近于零，清净坚固的道心才得以反复锤炼。淳朴扎实的师道传承，使得这千年的古寺，面积不大的庭院，竟然拥有常住僧众200多人。师父说，寺庙能留住人，不是因为香火和供养，却是因为这严谨如法的道风。这一点，我们都感受到了。

记得以前，看过印光大师的文钞精华，其中有几点颇为难忘。一是大师当初在普陀山闭关，曾经与众赶斋，发现斋会空泛劳神，竟然浪费将近两个小时，深为厌恶，从此以后都是独自打饭，独自进食，饭食不足，粒粒珍惜。节余下来的时间都用来念佛，不愿意流失偏废一点宝贵的时光。二是印公平生从不妄加赞誉他人，更是厌恶别人妄誉己身。生前告诫门人，自己死后，唯一期望就是大家认真以净土法门自利利他，如果要是为他作赞作传，使他远近闻名的话，就是他的大怨家。大师不愿担受虚誉，以死而无知却虚誉之，认作欺心。

凡此种种，都是印公自律甚严，终成一代师尊的事迹。我们在塔前，听闻着、感受着印公门人的言传身教，恭敬效仿之心油然而生。

道学师非常博学诚恳，他引经据典，比较释儒，佳句警语脱口而出，背诵譬喻拈指即来，令人感佩不已。他告诉我们修道的过程有如蜕皮般的煎熬，那是一场降伏己心的战争，其中的痛苦如果拿给常人来受，十分之一就可以压垮一个壮汉；而修道者却要承受十倍之苦，这是一个漫长的，甚至会感觉了无天日的过程。但是，一旦战胜了自己，凡心被置换成了道心，那种超凡入圣的禅悦法喜是无法用语言来描述的。净宗甚深非深，平常非常。师父问我们，你们真的理解吗？

道学师是我们此行遇到的第一个僧人，他的每一句话在当时不觉得有什么稀奇，但是回想起来，却和这一路上我们碰见的师父的开示遥相呼应。他的话，是洛迦路上我们所转的第一段经文，是开宗明义的序篇，是险些遗漏的珠玑良言。

我们要下山了，师父也甩甩衣袖，微笑道别。

第二站，寒山寺。喧嚣的声浪，川流不息的游客，我在拜佛的时候，不断地被形形色色的人推搡，我们四个人不多时就被冲散。导游的大喇叭，随处攀缘佛手的合影，都让我心浮气躁。我是如此地喜好清净，厌倦热闹，有了灵岩山寺的比照，这个沾染了太多商业气息、充斥着旅游味道的名山古寺让我无比失望。站在簇新的塔下，我皱着眉头，擦着一脑门子的汗，在自己的分别心中打转。

这个时候，青石师兄满脸笑容地跑来：兰若！这个寺院真好啊！

我吓一跳，不能认同：什么？！这么乱，这么多人，你还觉得好啊？

青石说，是啊，这么多人都来寺院是个好事情啊，刚才我拜佛的时候，已经在佛前观想过了，我拜下去，那么今天来这寺院的人也就一起拜下去了。我把我拜佛的功德都回向给他们啦。

我愣住。

这就是我的这点儿心量。不学佛不足以照见其分别和狭隘。师兄的一席欢喜之言，如同清凉甘露，使我的恼乱心神顿时安静下来，对境不为境转，正可观心，我又输一筹。就在安静下来的须臾片刻，我看见了寒山寺往来不绝的门庭下，一朵红色的睡莲正悠悠绽放……

四

去西园的时候已近黄昏。如果不是海风的坚持，我原本是打算第二天一早去瞻礼八关斋戒的时候再好好拜谒的。但事实证明，这个时候去，正是西园最美的时分。

我给叶子师兄打了电话，他是我倾慕已久，却一直不曾谋面的同修。师兄来，素朴而亲和，与西园静谧的气氛非常契合。他领着我们一个殿一个殿地礼佛，告诉我这里的前任当家明开老法师为了保护西园，“文革”的时候耳朵都被红卫兵打聋的经历；又给我讲起济群法师的故事，师父少小出家，全家五人落发；还有西园湖中的两只百年老鼋——圆圆和方方的趣闻逸事。凡此种种，师兄都在不经意的叙述中，娓娓道来，他那平静的语气，只有在细心的捕捉下，才能看到微澜起伏。

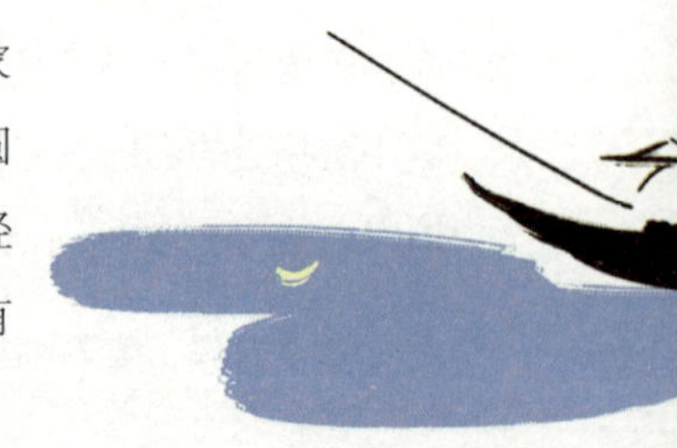

我不敢问师兄的经历，他的隐逸让我的草莽没了踪影。海风却开口相问了。师兄非常慈悲，没有刻意隐瞒。兄学画出身，曾经在西藏的寺庙里，修补斑驳的壁画；来到西园的时候，放下一切，甘心埋名，做了一个在湖面上捞树叶的人；冬天的下午，燃香净手，在《菩提道次第广论》的讲经磁带声中展开画卷，感受彼时心意的触动和微醺……

在那间空而简约的茶室中，师兄说道，也许，我应该离开西园了。我太喜欢这里的气氛了。以致沉迷。这么长的时间，我看不到自己的进步。远离尘嚣很好，远离安宁却难以做到啊。

我深有同感。我看师兄礼佛，那身形如同虚空中的一粒尘沙，在阳光的碎影中，以美轮美奂的匍匐姿态照见所有的来路。安宁，是经历了艰苦的跋涉和挣扎才生发出来的。然而，就连这个，都是需要放下的啊。

在是非放下之前，要明辨是非，而明辨是非之后，连是非都不该再计较。这是我们一步步的功课，非一蹴而能成就。我们弃绝了浅薄和鄙陋，筛留了深远和高洁，如今却要把这倚重的欣赏的恋慕的，还要弃绝。这个停顿的过程，徘徊的时间将是更加漫长的。记得憨山大师曾经写下“荆棘丛中下足易，月明帘下转身难”的诗句，这诗句告诉我们，在妄想不断的动尘当中抽身，相对来说是容易些的，而在似乎清明的静尘里面觉醒，道路却绵长不尽。

我们的关口循序而来。当坐在溪流之上参禅，外境中的流水声、风声、人群往来声都被空掉以后，那静默的声尘会不为人知地显现，那个时候，再往前觉照，就需要更大的力量了。住在闹市，住在阿兰若，住在茅棚，而最终无所居处，这是怎样的关山重重。

在后来的行程中，我看到了一句贴在普陀山紫竹林墙壁上的开示，录在这里，与叶子同修共勉——三十年闻水声不转意根，当证观音圆通。

第二天，就是八关斋戒了。这次启程之初，给客堂的师父打过电话，因为看到通知说，受戒后需要一天一夜住在西园里面，所以问询师父是否可以开许。师父告诉我们，这样做，其实是为了让我们在受戒之后保持一个清净的戒体，能够使受戒持戒在这一日一夜当中圆满。而且受戒之后，会有法师引领戒子专精念佛，与法相应。而我们因为此行时间有限，还有些旅游的计划，并且由于有旅游的成分，住在寺里恐犯盗戒，所以商量之后，大家决定观礼参加，而不受戒。

整个受戒的过程非常顺利，慧明法师很慈悲，也很活泼，在迎请常佑法师来给大家传戒之前，还教我们演练如何与常佑法师对答。

告别西园以后，我们来到了距离西园不远的留园。苏州园林在全国都是闻名的，听叶子说，留园和西园原本都是一家，后来宅主把西边的园子舍宅为寺，才因此有了西园寺。

而一进留园，我们就都后悔了。旅游的随意完全不符合我们寻道的心态，而在留园的亭台楼阁旁，我们在被昆曲表演、琵琶芦笙的演奏吸引的同时，惊觉“保持清净戒体”的慈悲含义——不往视歌舞表演，八戒之一，我们自以为我们应该不会主动犯戒，但一出山门，仿佛唐僧离开了悟空金箍棒画的那个圆圈，种种违戒之事会在我们不设防的时候突如其来。

从虎丘归来后，我们都兴味索然，于是在时光尚早的时候，去了钱塘茶人。这是一间颇有禅意的茶馆。苏州是总店，无锡有分店。刚刚落座，苏州评弹的表演又开始了。我们面面相觑，哭笑不得。洪水猛兽竟然来得如此汹涌，让人躲避不及。

“新戒不得出山门”，后来我在宁波阿育王寺的院墙上看到这样的警示时，终于有所体悟。

五

离开苏州，直奔普陀。本来觉着星罗棋布的江南城镇非常密集，从一个城市到另一个城市应该不是很远，但没想到一大早出发，途径杭州、绍兴、上虞等地，在高速路上堵了半天车，才抵达了宁波，而这时已是下午3点钟了。买了最后一班轮渡的票后，我们才发现从早上到此刻，大家还粒米未进。在那间车站旁边仅有的小吃店里，我们吃到了最美味的西红柿面。

从轮渡车站出发，车上只有我们三个乘客。而车开到大榭码头竟然花了一个小时。东海之滨的明珠城市——宁波，大而繁华，令人刮目。

我们来到码头，最后的那班轮渡已经开了，青石师兄在堤岸上飞快地奔跑，他挥舞着双臂呼喊着。我却微笑。船一定会回来的。我们不会被拉下。我确知着。并因此而安心。

轮渡回转，我们上船，最后三个座位在等我们。从普陀起始，之后的行程基本上都是在赶最后一趟车（船），而车上船上不是只剩下三个座位，就是只有我们三个乘客。

洛迦山。普陀山。东海。山海相连。有舟摆渡。滔天的白浪自身后飞驰而去。

船很稳。如履平地。身旁的人小声地交谈。潮湿，湿润，温润，温暖。我想到了这些词汇。而一直怀揣的不实恐惧渐行渐远。

又是一个小时过去了。我们终于上岸。其时的普陀已近黄昏。在网上预订好的潮音阁旅店店主小邬姑娘推了辆自行车来接我们。我们的行李不多，唯独小王子的登山背包巨大。小邬姑娘接过背包，放在自己的后座上。我们跟随她，向普陀的深处行进。

这是一个孤岛。岛的四周是漫天的海浪，绿化很好，水泥路也非常

平整，不断从身边经过的班车也多。普陀山到底身处富庶江南，交通便利，开发的痕迹非常明显。小邬姑娘告诉我们，其实，就在80年代初，这里还没有现在这么兴旺的香火。那时，“文革”刚刚结束，岛上的寺庙被毁坏得很厉害，渔民们很少有人信佛，很多人家就住在被红卫兵洗劫后的大殿里。她给我们讲起，最初他们家也住在庙里，后来逐渐地有来自海外、闽南、港台的信众朝山，香都上到了他们家的大门口，他们由最初的排斥到后来的感动，到如今的笃信，与那些虔诚而坚定的三宝弟子的膜拜不无关系。现在，这个岛上90%的居民都信奉观音。她说，观世音菩萨给他们带来了完全不同的生活。

我笑说，小邬，你们福报好啊，日日夜夜守护着观世音菩萨的道场，这是一件多么快乐的事情啊！那女孩子却摇头说，也有苦恼啊，即便在菩萨身边，心里还是在想怎么能多挣些钱，怎么不要被别人家的生意排挤掉，淡季的时候怎么维持。凡是城里人们想的那些烦心事，我们也一样想啊。

我愣住。她说得真好啊。即便脚下就在西天，心里的娑婆世界却不能摒弃。苦，在心里，所以，即便极乐就在眼前，也知觉不到啊。

我来普陀，还一直暗藏着一个心愿，我想找回被我丢失了的师父。十年前，我在北京，因为自己的习气和分别心，与我心里最为钦敬的一位老和尚断袂。十年间，我在停顿和追问中过活。我写了很多的字，那些字不能给我的追寻以答案，更不能给他人以裨益。那些是我强打精神强颜欢笑的见证。直到我再次把放浪的心皈投三宝。我不敢知道自己是否还有机会见到恩师，是否还可以亲自在他面前忏悔，是否能够从此停止孤单的漂泊和对本心的思念。

我听说，老和尚1996年来了普陀，其后两次大病，脑血栓，脑溢血。现在，他会在哪一座庙里？身体状况如何了？师父还记得我吗？即便记得我，他会原谅我吗？

我试探着问小邬姑娘，女孩子却好心提醒我，不要指望普陀山上

的僧人，不要因为看到他们的一些过错就影响自己拜佛的诚心，她说了句“在我们普陀，一向都是佛灵僧不灵的”，我有些哑然失笑。我不会的。我经历了自己的错失，已经知道，我长了眼睛，不是只看他人的，更是要看自己的。

僧宝，是我们至心归依的善知识。对僧宝坚定的持续的尊重，很多人都做不到。常常反复、退转，怀疑。我们希望遇到的明师们不仅有摄受我们的威德，还期望他们根除一切习气，最好是个完人，或者干脆就是尊佛的化身。这样，我们才会老老实实地倾听、学习和接受。然而，这里面有着怎样的误区啊！我们如果把自己的进步完全寄托在对他人的评判上，那么，何时才能深味“自皈依佛，自皈依法，自皈依僧”当中的“自”的含义呢？

若稍有不如法的现象，我们心中便烦恼丛生，伤感辗转：是你伤害了我的信任啊，师父！然而我们很少去想想，是不是我们自身离道尚远，分别心重，计较甄除，把这落发披剃的师父放在了佛位上，去比较了呢？

不是他人非，只有自己过。你能做到这一点吗？我站在普陀山的海潮面前，深深地扪心自问。

如瑞师父曾经告诉我，怎样去判断选择和跟随你的善知识。第一，要了解他的学法传承和师尊是否得到教界认同，要观察他的言行是否按照了三法印来落实；第二，要知道，善知识是具有正见，同时也是具有烦恼的善知识，他并不是佛，不要拿佛的标准来要求和拣择他。一旦确定他是你的善知识，就勿再要挑剔其过失。而十年前，我没有听到这个话，甚至，我还不是因为看到师父有什么不如法，而是因为师父如法，我却任性，在清清亮亮的相处中带着很个人知见的情绪，所以远离。现在看来，愚痴是当时言行的唯一解释。

我们坐在深夜里的海边。普陀山上那尊48米高的南海观世音依稀可见。沙滩上人不多。海的声浪一波高过一波。我给在北京的妈妈和师父都打通了电话。我把手机靠近那连绵不绝的观音海潮音，我想让我们生命中的亲人听到这声音，听到菩萨的心跳，听到来自恒河的歌唱。

妈妈说，你在，妈妈就在。你拜菩萨，妈妈也在心里拜。

师父说，兰若，把眼睛擦得亮亮的，注意一路上以众生相来示现的菩萨们！

好的。我记下了。我拜菩萨，忏悔无始以来身口意造作的所有恶业；我拜菩萨，回向所有法界众生，愿大家都能放下固执，听闻正法，得以解脱；我拜菩萨，我与众生不二，众生与菩萨不二。但愿凡诸有情，明心见性，早返本真！

六

一大早起来，打开窗户，看见临海而立的观世音菩萨。小邬姑娘和她的母亲已经在催促我们了，说你们朝山，要早一点才好啊。我有些惭愧，平时昼夜颠倒的生活，只有回归到山水当中，才能体会到早晚的变迁。本来以为自己已经起得很早了，可小邬的提醒让我知道还有更精勤的朝山者啊。

在南海观世音像前，我看见一个虔诚的女子，在地上磕大头。很多游人经过她的身边，有人驻足感叹：她一定是遇上什么事儿了，要不不至于啊。有人则受到感染，也向菩萨合十鞠躬。我却微笑，若有人见闻诚心，肯合十问讯，即是与菩萨结缘，而这个女孩子的行动又何尝不是点化呢。

我们三人拜了下去，非常整齐，也非常专注。记得师父也曾和其他师兄说过，我们自觉、正信诚恳的言行会给别人留下好的影响，哪怕这个影响非常微小，也是尽了一份心。误解在他，尽心在我啊。

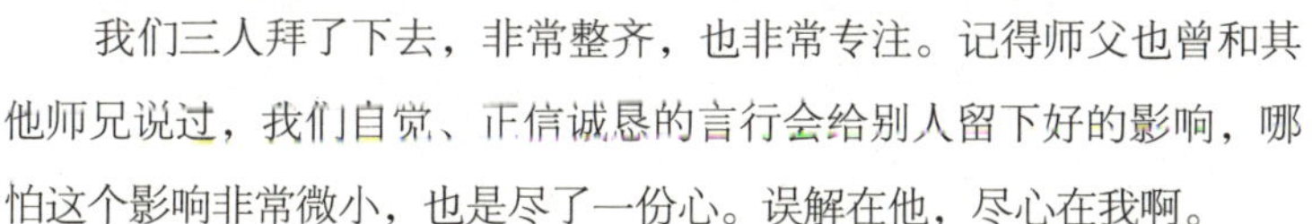

南海观世音像的两侧是壁画，左边是玄奘西行，右边是鉴真东渡。一个是把佛法带回祖国的使者，一个是将佛法传播海外的圣僧，两个人都忍受了常人不能忍受的磨难，承担了凡夫不能承担的使命，在发心弘法的历程中，成就了佛陀事业，也成就了自己。壁画非常美，朴素而逼真。我默默地绕着回廊瞻仰，来到观音像的背后。那是诸佛菩萨的莲池海会，文殊华美，普贤庄严，很多人都静静地站在那面墙壁前。墙下没有蒲团。小王子师兄拜了下去，有人看他。青石师兄拜了下去，有人跟着拜。我加入他们，更多的人开始礼拜。

这是四月初三的清晨。阳光遍洒。游客和香客们从四面八方涌来。我们彼此不认识，将在礼拜之后各奔天涯。然而那一刻安静的此起彼伏，让我感恩。

紫竹林，“不肯去”观音院。这是我们在普陀拜的第一座寺院。紫竹林位于双峰山下，潮音洞上，过去曾紫竹成林，相传是观音菩萨居住的地方。吴承恩的《西游记》中就多处提到紫竹林中的观世音菩萨。如今这个寺庙并没有紫竹，常住的僧人大概有十几位，剩下的就都是职工了。在普陀发现一个现象，寺院里既有僧人又有职工，僧人属于佛协管理，而职工却属于旅游局。这和北方的很多寺庙都不一

样。北方的大庙，要么归佛协，成为道场；要么归旅游局，成为旅游景点。在这里，两者和平共处着。职工们负责收费，打扫，维修，同时也负责出墙报。很多墙报都非常好。

我在紫竹林的墙报上摘抄到明代四大高僧之一的莲池大师的几首诗，都特别好，现录其中一首在这里，和大家分享："病来呻吟苦，病去不思量。一生多病累，终究是迷茫。"看见了这些诗文都出自大师的文集，唤作《竹窗随笔》，很是心仪。但问了流通处，却没有这个书。从此之后的路途，但凡看到寺院里的墙报，心有所感的句子，竟然多是《竹窗随笔》里的文字，便留了心，要寻访到此书。为了引起大家对这些诗句的重视，我拉着小王子跟他说，这首诗是莲池大师嘱咐咱们别老是好了疮疤忘了痛，累斯地藏菩萨头头救拔，而我等却于娑婆泥淖旋出旋入。大家看我恳切，都笑着认真地来看。他们的认真让我欢喜，对我那时常克制不住的婆婆妈妈是很好的慈悲。

紫竹林的旁边是"不肯去"观音院，这个寺庙的名字颇有些奇怪。究竟是有人不肯去观音院呢，还是观音菩萨不肯去的寺院？看了介绍，才明白我的两种臆测都不对——相传唐咸通年间，日本慧锷和尚从五台山请得一尊观音像，回国途中在莲花洋遇风，因此他认为观世音菩萨不肯去日本，所以就留此像在普陀山，为当地一居士所供奉，"不肯去"观音院就因此而建。在这里，我看到了令我难忘的两位僧人。一个是"不肯去"观音院里的看殿和尚，他负责记录香客们的随喜功德。无论有人无人，他都垂目观鼻，桌前放着一本《妙法莲华经》，师父一直在默默持诵。即便看殿，也是用功时分。我看见他，想起小邬姑娘说的"佛灵僧不灵"，不禁叹息。眼睛能看到的，乃至六根能够感知到的，永远是有局限的。就好像思想，如果是有角度的，也永远是局部啊。

另一位是一个戴着斗笠的老僧。他带着足有20多个老居士一起来朝山。那些老居士都是女众。他们在紫竹院里留影，都是这个老和尚在拍摄。很简陋的傻瓜机子。老太太们排着队和大香炉合影。老和尚不厌其烦地在那儿拍。我们进殿的时候，就看见他们在拍了，等我们礼佛出来后，师父还在咔嚓咔嚓。真有耐心啊！后来在我们住的地方，又遇到他们，在上很高的台阶，老和尚走在最后面，一个一个叮嘱，走稳些走稳些！仿佛他照应的不是年已半百的成人，而是需要呵护引领的孩童，我们侧身让路，给师父合十，他微笑，健步离开。

在“不肯去”观音院的院墙外，就是潮音洞了。观世音菩萨的海潮音撞击着岩石，发出了轰鸣。这时我的电话响了，是单位里一位相熟的领导打来的。他问我，在哪里啊？我实话实说，在普陀山拜佛。他愣住，在普陀山？拜佛？我看着大海答道，是啊。有事吗？领导犹疑了下，笑说，没有了。帮我在观音菩萨面前上炷香吧。好。电话挂断，惊涛拍岸，鸥鹭纷飞。每一个人都有心香。这令我感动。

七

普济禅寺。普陀山三大寺庙之一。我们在前往普济的路上，看到了百步沙的海滩，看到了观自在菩萨的影壁，看到了遍及普陀岛上的参天樟树。这里真的非常美。光影和青苔交相辉映，潮湿的泥土和沁人的空气，都令我们安适。就在普济禅寺的对面，青石师兄突然发现了一个院落。那是一个非常破败的塔院，围墙也倒了许多。塔砖之间蒿草丛生。我们绕到正门，看见院子里堆放着木材和砖石，有两个工人出出进进地在搬东西。没有游人。很荒凉。与不远处普济禅寺的如织游人比起来，这里仿佛像个不被人们发现的盲点。

这是什么塔呀？我们问青石。

他手里有一本从小邬姑娘那里借来的导游书，上面有对普陀名胜的介绍。

这是多宝佛塔。一个声音突然传来。

我吓了一跳。循声看去，发现在塔院门口，坐着一个红衣僧人。刚才我几乎完全没有注意到他。他的头发很长，胡子拉碴，僧袍的边角油腻不堪，他坐在一个破凳子上，正朝我们微笑。青石冲僧人合十：师父知道这个塔的来历吗？那僧人似是而非地说，也知道些吧，但并不是很确切。

青石这时已经找到了对多宝佛塔的介绍：普济寺东南，海印池旁立有普陀山三宝之一的多宝塔。元朝元统年间(1333~1334年)，普陀山僧孚中托钵江南，见姑苏盛产美石，便立志建塔。他住持普济禅寺14年，以勤俭简朴著称。为兴建名山道场，多次外出云游募化，得到江南诸藩王隆重接待，太子宣让王等出资建造多宝塔；故又名太子塔。塔全用太湖石砌成，呈方派，共五层，高32米，塔取《法华经》多宝佛塔之义定名。桃台石栏柱端刻有护天神狮及莲花。第二层蟠龙柱，体态雄健，纹饰线条流畅。余上三层，塔身每面镌有佛像一尊，全伽趺坐式，形象生动。塔刹为仰莲宝瓶。整座建筑造型别致，雕工精巧，像这样的元塔，全国已罕见。昔日，每当清晨，人们在太子塔院中闻听由普济寺传来的碎扬钟声，颇能启人遐想，发人幽思，这就是普陀十二景之一的“宝塔闻钟”。

青石给我们念了一遍，那僧人笑嘻嘻地说，我给你重复一遍，你听听对不对？僧人开始重复，青石耐心地一字一句对照，一字不差。僧人说，他要记下来，如果再有路过的人问，他就把这个最准确地讲给别人听。在僧人与青石说话的当间，我一直皱着眉头，因为我闻到了非常难闻的味道，我看满院的残垣断壁，心想也许是那些工人……但当我远离这僧人一点的时候，味道就没有了。我讶异地得出结论，原来那冲鼻怪味是他身上发出来的！青石还在和他说话，两个人谈笑风生。我心中触扰，拍拍同样皱着眉头的小王子说，走，我们绕塔去。

我们两个人离开。右绕三匝之后，我们在杂草中礼拜佛塔。那僧人点头，似在赞许。青石也离开他，开始绕塔。我走过来，忍不住问，师父，你是从哪儿来的啊？其实我的言下之意，颇想问，僧宝啊，你怎么如此不讲卫生啊！师父抬起头，露出非常明亮的笑容，五台山。说实话，他的笑容非常洁净，令我有些惶惑。师父问我，你知道明天是什么日子吗？我一愣。不知道啊。那僧人看着我，四月初四，文殊菩萨的圣诞啊。

在交流的过程中，我注意到僧人一直在一个本上写字，实际上，从我们最初看见他，他就在写。因为听到他对我说的话，看见他明亮的笑容，我突然把心里的不以为然放下了，我转过来，师父，你在写什么？他把本放过来，你自己看。

“无垢文殊”。

满篇的“无垢文殊”。

我当下被震住。我疑惑地看他。他却不理我，继续写下去。小王子走了过来，我轻声对她说，你去看这僧人写的字。小王子看了看，满脸困惑地看我。

青石师兄拜完了塔，我们向来自五台的僧人告辞。我向师父深揖作别。在去往普济禅寺的路上，我沉着脸，不说话。青石师兄探问缘由，小王子说，那个师父满纸写的不知道是什么，我只认得是无什么文殊，中间那个字太潦草了，不认识。青石笑笑，是吗？我怎么没看见？一个字都没看见？我抬起头：你不需要看见，因为你心里没有对这个境的分别；小王子看见三个字，是因为她有些分别触扰，但不像

我严重；我全都看见了，因为我的问题最大，所以文殊菩萨要来专门教导我。

大家听我这样讲，非常好奇，问我到底看见的那个字是什么啊。我说，是“垢”。师父写的是“无垢文殊”。我比小王子多看到的那个字是“垢”。

我的老问题还在的。我知道。我带着老问题上路，不是为了碰到更新鲜的知见。问题在重复，我们只需要对治内心的诟病。这就好比我换了华袍去往他乡，却不知道我的伤口在身上。即便我换衣服，换环境，那病在身上，还是没有得到根除。因为拣择，就会当面不识，擦肩而过。师父提醒过我，不要忽略在你身边出现的每一个众生，他们都是诸佛菩萨。我终于看到，有所听闻。

这是洛迦转经路上我遭遇的第二段经文。它以与我的习气完全相反的面目出现，它让我在飞身远离的片刻回头，终于不致错过。

八

普济禅寺是普陀山全山中最大的寺院，它坐落在天鹫峰的南麓，为普陀山供奉观音菩萨的主刹，与其后锦屏山下的法雨禅寺、法顶山上的慧济禅寺构成了普陀山的主要观音道场，成为普陀山最主要的人文景观。

进得山门，碧波荡漾的荷花池，曲径幽深的禅院，豁然开朗的门庭，都让人心生敬意。主殿称大圆通殿，观世音菩萨以平日少见的金刚威猛之态端坐莲台。这是一尊高8.8米的毗卢观音，金色的帷幔在菩萨身边垂下，庄严而慈悲的法身像矗立眼前。佛像前是印有《观世音菩萨普门品》的幢幡，上方则是华盖。这使我不由想起了那句赞偈：南无前幢幡后宝盖，观音如来接引西方愿。殿内两侧是观世音菩萨的32应身像。佛、辟支佛、声闻、梵王、帝释、自在天、大自在天、天大将军乃至天、龙、夜叉……每一身都是菩萨的应现身，是救度众生的种种方便之门。

我看到对圆通的介绍，表示“不偏倚，无阻碍”，圆满通达。而观世音菩萨修证的是耳根圆通法门，他听闻苦声，即以眼观，因此称作观音。毗卢观音结大悲，施无畏手印，向有挂碍、有颠倒，故而有恐惧的众生，施以14种无畏功德。佛像很美，让人流连。

出得圆通宝殿，一群群的旅游团队开始涌入。这时我看见了偏殿旁的图书馆，风扇吹着，有个僧人手捻念珠，在馆内默坐，还有两位在安静地读经。门外虽熙攘，门内却安宁。我坐在台阶上，大樟树的荫凉和山间的微风让我沉醉。这里的一切，都不陌生。所有的来径，都曾千万次地经行。每一次地再回来，都是为了认出本来面目，为了形与神的合二为一。认出自己，我曾经做到过吗？我痴想着，时空已流转了无数光年。

小王子师兄还在拜佛。她是无论殿中有多少尊佛像，每一尊都拜三个头，一个不落地拜。虔诚让她焕发出一种从未有过的淡定。那种光辉让人看了感动。其实在来普陀后，很多剧组都在约她，我听见她一个一个拒绝，万缘放下，专心朝山。我知道她必将有改变人生的选择，她在这个垭口上，用这样一种至诚的方式来问询自己的未来。我默默地旁观，希望菩萨能给她破除晦暗的力量与智慧，能够让她远离产生苦痛与泪水的根源。

大家都走了出来，青石师兄提醒我，你不问问老和尚在哪里吗？我有些犹豫。这时走来一位客堂师父，我向他请教，客堂师父很干脆地回答我，老和尚在普陀山佛学院啊！

这么轻易地就打听到了？我真有些意外。在去往佛学院的路上，大家的步子轻快，而我，却心怀忐忑。前尘影事，如同记忆的碎片被整合一般，在我的心头盘旋。

那是1995年，大雪天，我和另一位大学同学去看望师父，师父看见我衣单衫薄，把佛学院刚刚给他做好的棉衣赠送给我。棉衣很暖，在雪地里，我快乐得像能够落发出家的沙弥一般，满心都是欢喜。北京法源寺，我的两位师父宏义、白光，呵护我如同呵护一个幼子。而我后来却以自己分别比较的心，远离了他们。

宏义师父从小是个孤儿，三岁就被邻人送去庙里，修持一生，"文革"时被遣返乡里，仍独身茹素，念经不辍。我和师父是老乡，在法源寺的天王殿里相识。

师父待我很好。因我在大学时代要拍佛教题材的片子，就帮我找到时任教务长的老和尚。我与老和尚接触后，非常信服老和尚的博学与睿智，便想皈依白师座下。几次相请，老和尚都告诉我去看望他之前，一定要看望宏义师父。

我心里不服。尽管宏义师父待我很好，但我却觉得师父并不能教化我，那时候的我只想着去遭遇高人名僧，我不需要亲情般的呵护。我就是这样偏执而又任性。加上其他的违缘，我退转了。我几乎是在跟师父赌气。

将近十年的时间，我不去亲近，不去探望，甚至老和尚送给我的墨宝也随着几次搬家不知所终。我的道友雷梵后来多次去看过师父，给我打来电话说，你是不是很多年没去看过老和尚了？我漠然以对，直至最后彻底失散。

直到今年年初，听闻宏义师父早已西去，白光师父1996年来了普陀。

我想找到他，告诉他我错了。在我开始念诵地藏经的那一天起，我就发露忏悔无始以来的所有的罪业过错，但愿我对我所做错的一切事都能有挽回的余地，但愿我对我所伤害过的所有人都能有说抱歉的机会，我愿意以至诚的忏悔来清净我的心灵，愿这发露能让诸佛菩萨慈悲垂顾！

九

我第一眼看到师父的时候，是他的背影。当他颤颤巍巍转身过来的时候，我拜下去，泪不能禁。师兄们也拜下去。偌大的五观堂中只有我们和师父。师父连连挥手：一拜一拜。并俯身问道：你们都是谁啊？

我跟随老和尚穿过佛学院寂静的殿堂，来到二楼，看见师父的腿不好，拄着拐杖，想起当年在法源寺他给我和同学们泡最好的毛峰，那时候师父步履矫健，谈笑风生。

师父的侍者打开房门，我们来到师父待客的禅室。我看见了师父的花和毛笔，看见他打坐的床铺，看见观世音菩萨像。他忙活着，要给我们泡茶，那殷切的情景一如当年。小王子抢过水壶，青石扶师父坐下。这时，我看见师父的书架上，药和经书一样多，那些药全部是治心脑血管病的，我站在那书架面前，背对着师父，眼泪又流下来。

都是无常，有甚伤心啊。老和尚笑着说。

我擦干眼泪，拿出以前和师父的合影，蹲在师父身边，给师父看。师父不记得我了。1996年大病之后，很多的人和事都忘了。我唠唠叨叨地向师父说起我的心事，说起我的退转，说起我的愧悔。师父一直看着我，眼睛里满是慈悲，他安静地倾听，便是对我最大的恩德。师父说，退转了没关系啊，总还是没忘了学佛，这就够啦。他那样微笑着举重若轻着，化解了我内心的重担。

我们感慨普陀的美丽，师父笑说，待两天当然美丽，待两年恐怕会有厌倦。师父还是那样，总是轻描淡写地去伪存真，他不说一句虚话，也打掉我们的许多附会之说。他问我们，可曾看到普陀岛上青天浊浪？可曾看到信众吃全素，而渔民日日夜夜杀生？我们点头。看到的。老和尚站起来，走，我有个花园，去看看！

那时候是黄昏。花开得正艳。芭蕉叶随风摇摆。师父如数家珍地给我们介绍。夕阳落在老和尚的衣袖上，勾勒出安详的图画。“晚上风一起，我在二楼都能闻见花香啊。”师父的神情里甚至有一丝天真。小王子开玩笑说，师父好福气啊，自己种个自留地。还这么美。师父摇头叹道，我现在就是光吃饭拿钱，什么心都不操。我却知道，师父之所以来普陀，是因为太累了，他在中国佛学院执教16年，开讲唯识、中观等四门大课，同时还代书法课，最后累倒在讲台上。而普陀山佛学院的院长和教务长们都是师父教过的学生，希望能接老和尚来休养，在赵朴老的关心下，老和尚才放下教案，离开北京。

我们向老和尚道别，他问我们，什么时候走啊？明天。恩师。明天我们又要启程。老和尚说，走之前你们来，我送你们礼物。是什么啊？我写字给你们，好不好？我们都高兴极了。师父说，来，写下你们的名字。我向老和尚多请了一幅，想带给我们现在的师父。老和尚点头，看我们的职业，编剧、演员、学者、出家人。老和尚笑了，好啊，这么多人都学佛。

夜深了。我们在明天拜完洛迦山和普陀的另外两大寺庙后，就要离开了。

十

从普陀山朝东眺望，洛迦山孤伫海中，犹如一尊仰卧于莲花洋里的海中卧佛。相传，洛迦山是观音菩萨修身得道的地方，而普陀山是她传法的道场。在紫竹林旁的一块大岩石上，还有菩萨的一个脚印，唤作“观音跳”，就是菩萨得道后，从洛迦山一脚跳到普陀山时留下的。

我看到普陀的由来，是这样讲述的——普陀山，全称普陀洛迦山，旧名梅岭山。普陀，原是梵语的译音，意为小白花，亦解释为观音的圣地。据《华严经》和玄奘著《大唐西域记》所载，是指观世音菩萨说法布道的地方，名叫“补怛逻迦”（又称普陀洛迦）。如果译成汉语，其意应该是“美丽的小白花”或“观音净土”。佛经记载普陀山观音道场的有《大悲心陀罗尼经》：“一时佛在普陀洛迦山，观世音宫殿庄严道场中。”《华严经》云：“南方有山，名补怛洛迦，彼有菩萨，名观自在……”这是普陀山成为观世音圣地的根据。

从普陀山到洛迦山，每天上、下午都有专船往返。两座岛屿虽然相距不远，但莲花洋中波涛汹涌，有“须经24个莲花浪，方能得渡彼岸”之说。在山上嶙峋的礁石上，筑有南、西、北三个不同方向的埠头，船只可视风向来择埠停靠。

我们乘坐的是早上7点钟的船。也就是说，六点钟的时候，我们已经在街上吃早饭了。我们三个拜山的同修，起得早，吃得多，像三只傻傻的小兽，脸还肿着，缺觉和多食让我们昏沉着，就踏上了洛迦之行。

这一天已经是星期五，周末来临，亦是四月初四，文殊圣诞，朝山的人很多，上下三层船舱座无虚席。15分钟后，船就抵岸了。船长用大喇叭喊道，两个小时以后，必须回来！人们蜂拥上山。我不禁失笑。这简直像赛跑了。

洛迦山不大，共有五处庙宇。印象深一些的是新建起来的妙湛塔，那浮雕的精美绝伦，与普陀岛上的南海观世音浮雕群如出一辙。其他的寺庙，我们都跟随着人群接力一般地拜谒。直到我们看到四十八愿塔。

那里并非景点，在石阶路的拐弯处，要走到下面去才能看到，很多人为了赶路，就错过了。也许是觉得此行稀有难来吧，我们三个还是走了下去。四十八愿塔，供奉的是在普陀山圆寂的高僧和管姓居士的灵塔。当我们接近灵塔的时候，天上飘起了雨。雨打在叶子上，又落在我们的发梢和肩头，彼时有鸟鸣啾而过。

我们乘船来普陀的时候，在船上的电视里才看到普陀山的全山方丈上妙下善老法师当年给南海观世音雕像开光的圣景，在这里却看到老和尚已然离开。塔正中的那一格安放着法师的灵骨，另外的格中，有圆照法师的，竟还有很年轻的比丘师父像。

我们看到塔的两侧有这样两行字：从此不理凡间事，鸟语花香别有天。说实话，当时我心里很有些伤感。我们凡夫总是祈愿大德们倒驾慈航，乘愿再来，有否珍惜和抓紧师父们还健在的一切时光请益修学了呢？再看塔边，安放着一个石头木鱼，那上面刻着一行字：佛知人不知。

由是我想起《地藏菩萨本愿经》中分身集会品第二，地藏菩萨对释迦如来许愿说，我所分身，遍满百千万亿恒河沙世界，每一世界，化百千万亿身，每一身，度百千万亿人，令归敬三宝，永离生死，至涅槃乐。但于佛法中，所为善事，一毛一滴，一沙一尘，或毫发许，我渐度脱，使获大利。唯愿世尊不以后世恶业众生为虑！如是三白佛言，唯愿世尊不以后世恶业众生为虑。

最初读诵到此处时，曾悲不能抑，放声大哭。如来咐嘱地藏，地藏承担重托，诸佛菩萨对六道众生的要求实在是不高啊。但凡做一点点好事，哪怕是毫发一般细小的好事，菩萨都会来赞叹你，加持你，娑婆负累，菩萨们一趟一趟地来，能不理凡间事吗？八万四千种方便，条条大路，皆是觉悟之路，解脱之路，再若不觉，不发猛利之心，真的是愧对诸佛啊。

十一

从洛迦山归来，第二站就是法雨禅寺。

法雨禅寺是普陀第二大庙，其华美壮观与普济禅寺可以媲美。观世音菩萨像在威严之中流露出柔和之光，更具备一些母性的慈悲。大殿两侧有两幅卷轴挂图，一幅是准提佛母，一幅是文殊菩萨，在橙黄色光线的辉映下，笔触委婉，色彩瑰丽，用心与之凝视，仿佛能够看到华严世界，香花曼妙，天雨遍洒。而菩萨们完具32相好，相相庄严，令人生信。

出得法雨禅寺，在通往香云路的回廊上，我又看到了来自莲池大师《竹窗随笔》中的开示，文章名为《佛经不可不读》，因为对机，所以震动，因为震动，所以驻足。现将全文录于此处，与同修们共参：

我少时见有前辈妄议佛教，以先人之见为主，自己还不知错，后来偶然在某戒坛佛经流通处请数卷佛经阅读，始大吃一惊，心中暗想，假如不读这些佛经，几乎将虚度此生。可叹现在有许多人从年少到老死，从来未曾看过佛经，如面对宝山而不想取宝；又有一类人，虽也读过佛经，但只是为了采摘佛经中的优美词句，来充实自己的谈资，或用于作文以助笔势，此类人自少到死，从未去探究佛经义理，可以说是入宝山而不知宝；又有一类人，虽也对佛经义理进行讨论进行讲演，只凭肤浅的认识，释文销字，妄自标新立异，以显高明，自少至死不曾依教去真修实践，可以说把取到的宝物当玩品鉴赏，时抱怀中，时拿手里，再后把宝物丢弃了，这些人读过佛经虽没有得到实益，可是只要一入阿赖耶识田中，终能成为得道的金刚种子，故所以说，佛经不可不读。

大师文中提到了三种人，如果说对号入座的话，第二种人，我尤其需要时时自省。记得仅仅是在四年前，我在另外一个文学网站“文湖诗海”中流连。那时的我，甚少持诵佛经，更不必说真修实践。长期以来，处于闻闻佛味，讲讲经历的阶段。我文章中的那些所谓佛教术语，那些美丽的词句，要么是在师父的身边耳濡目染熏修而来的，要么是在同修的口中道听途说得到的。也有翻阅佛经的时候，但都是为了摘录而深入。不是我不愿意读经，而是我拿起经文，旋读旋忘，更多的时候是一拿起来就昏沉，就打瞌睡。这昏沉的状况，是经历了很长时间，才日渐淡薄的。所以当我的脑袋上感觉到莲池大师的第二个棒子时，我深深地反省。若如我一样的写字的人，陷于皮毛，不能以文字为舟楫，深入般若法海，反倒执取文字，夸夸其谈，误认为文中有道，那么这样的文字不过就是一堆华丽的垃圾，即便浪得虚名，也不过是误人误己。

回想在网上开写心路历程之时，曾有好心的过客发来短信，告诫我因果难测，不要妄言。当时的自己完全听不进一点违言，兵来将挡，振振有词。现在看来，真真觉今是而昨非。

我的好友天慈师兄学佛比我晚些，心很虔敬，但也是不能读经。她告诉我说，师父给她布置的作业是日诵《金刚经》一遍，但她很难一直保持清醒，一直保持觉知地去读。我看到她的苦恼，如同我的昨日。同样是《地藏菩萨本愿经》中地神护法品第十一里面，有这样一段重要的经文：佛对观世音菩萨说，若未来世，有善男子善女人，于大乘经典，深生珍重，发不思议心，欲读欲诵。纵遇明师教视令熟，旋得旋忘，动经年月，不能读诵。是善男子等，有宿业障，未得消除。故于大乘经典，无读诵性。

此段之后，佛讲了很直接的对治办法，告诉这些善男女们要在地藏菩萨面前供净水发虔心，祈请菩萨，亲见菩萨，梦觉之后即当永记。

我因为师父的鞭策激励，有幸在读《地藏》时把所有的昏沉都得以克服转化，由是才能看到方法，看到途径，看到雾散之后，曲径通

幽。而读到地藏经，才能进一步地领受到莲池大师的这一棒子；同样因为读到地藏经，才能上了通往洛迦的渡船，才能懂得什么叫作知耻而后勇。勇猛而不盲目，这就是智慧生发出来的力量。

十二

下午三点，有回宁波的最后一趟船。离开慧济禅寺，我们脚力神速，去往佛学院向白光师父辞行。其实，我们不是不可以多留一天，虽是周末，普陀附近的善信们仍鱼贯而来，我们住的小旅馆也人满为患，小邬姑娘说如果要继续住，价钱就要翻倍了。师父说过，我们还可以在佛学院住下。但尽管如此，离开，还是在心里被提上了日程。普陀山还有许多地方没有拜到，我心仪的那幅杨枝观音碑刻也没有瞻仰到，但万事不能强求圆满，该走就得走了。

我们刚刚走进佛学院后门的时候，走在前面的两位师兄都轻呼起来：师父在那里！

在院落的大樟树下，我们的恩师，正独自站在午后的阳光下，拄着拐杖静候。

我的眼泪都被激了出来。师父，你干嘛要在这里等着啊！

师父笑，等你们，还可以晒太阳，一举两得，很好啊。

我们扶着老和尚上楼。书桌上是叠放整齐的四幅字。师父给我们四个人写了四首诗。原以为师父只要写几个大字，比如：“即心是佛”，或者“禅”啦，简洁而不费力，又是师父的真迹墨宝，就很好了。但老和尚竟然写了这许多！

我展开字幅，第一幅是给小王子师兄的，那上面是画家王冕的诗句：我家洗砚池边树，朵朵花开淡墨痕。不要人夸好颜色，只留香气满乾坤！小王子看后，给师父顶礼，泪如雨下。那话是对她说的，师父知道她的心思，给她欠缺的信心以最直接的勉励。

第二幅，是给我的。是于谦的诗：书卷多情似故人，晨昏忧乐每相亲。眼前直下三千字，胸次全无一点尘。唉唉。胸次全无一点尘。这所有的文字都可以放下了啊。

师父您写这些字花了多长时间啊？青石问道。

恩师笑笑，老喽，本来要不了多久，现在腿不好了，站不住，写了两个钟头。

我们都含泪。感恩莫名。

你们还背得动宝贝吗？师父拿出来几个极美丽的珊瑚和海螺，喜欢这个吗？背得回去吗？背到北方去。可以供佛的。

我们坐在师父的禅房中，时光悄悄地溜走。窗台上的爬藤植物在微风中晃耀。没有人讲话。也没有人离开。师父还塞给了我们很多杧果、李子，吃的东西装满了我们的口袋，我说，师父啊，我们不是小孩了，都30岁的人了！师父笑，你们30岁，我80岁，在我眼里，你们可不就是孩子啊。

老和尚领着我们去大殿礼佛。我起身之后，拍下了恩师站在院子里远远观望我们的身影。今天的这一幕，永远铭刻在我的心里。我知道佛法东来之后，薪火相传的重任。我知道那关切之情背后的殷殷嘱托。我们因为遭遇，终不能忘失。我们因为领受，终不能辜负。

师父，我们要走了，恳请您为众生多保重，恳请您长久住世，眷顾大家。

我给老和尚顶礼，大家也顶礼。

他安慰着我们，不要哭啊，不许哭了。走吧。走吧。

我们分别。普陀渐远。我不回头。

南无造法船游苦海，观音如来度尽众生愿；南无望南岩勤礼拜，观音如来枷锁解脱愿。

普陀山，南海观世音，在黄昏的波光中，目送赤子远去。

我们到了沈家门。回宁波的最后一趟车已经走了。我们三个在街边徘徊，看见就在普陀岛的对岸，遍地的鱼虾在被烹煮。

一辆团队包车停在车场中，车上的乘客怨声载道，他们在等一个掉队的团员，赶往宁波后，就要赶火车。我们盲打误撞地跑来，向司机说了一箩筐好话，结果得以上车。我们刚一上车，掉队的人也赶来了，他坐下以后，车上不多不少就剩三个座位，于是启程。

十三

在宁波，有青石的大学同学钟山，他不信佛，守着家乡的大庙，却从来没有去过。我们来了，钟山要尽地主之谊，愿意陪我们去。他帮我

们联系了住处，又约了青石彻夜长谈。他把自己背负的尘世中不能解决的诸多苦痛，向好友托盘而出。

我一直坚信，在苦和乐之间往返奔赴的人们，都有大机缘亲佛向道。生而为人，不至于像天人那样夜夜笙歌，乐不思蜀，直至堕落时才悔不当初；也不至于像三恶道的众生，只有受苦和沉沦的份儿，提不起觉心来向道。人既能尝到刀尖上蜂蜜的美味，又能亲历这刀尖滑破唇舌的苦痛。在鲜血滴下来的时候，只要你思考，就会在迷路当中寻找航灯。这几乎是人的本能。人身难得今已得。佛法难闻今已闻。我因为自己的找寻，进而对闻道稍后的人们充满了信心。钟山，亦是如此。我们不必多说，只要他能目睹，只要他能经历，金刚种子，就会生根发芽。

阿育王寺。以供奉本师释迦牟尼佛的头骨舍利而闻名。庙宇很大。僧众们来自四面八方。我们在拜谒佛骨舍利之前，大家各自拜佛。钟山背着手，沉默地看着我们。

在舍利殿的背后，是释迦牟尼佛的涅槃像。我在那里，遇到了一个老头儿。他依门而坐。面前摆着一个竹筐。阳光的暗影里看不清面目。他向我招手，撩开竹筐的罩布，里面整齐地摆放着一些绿色的像馒头一样的东西。

这是什么啊？我很好奇。

是发糕。老头儿的方言需要我耐心辨认才能明白其意。

能吃吗？

能的能的。还能供佛的。他殷切地看着我。突然站了起来。阳光照在他的脸上。

我被吓了一跳。他应该是个白化病人吧。脸上有三分之二是不正常的白色。

那多少钱呢？

十元钱六个。他笑嘻嘻地答。我稍稍放了心，忙着找钱，但身上没有散钱。我告诉他，你等我，我去拿钱，好吗？他看着我，流露出失望的神色。我不再说什么，返身找寻自己的同道。

等到我拿着钱再来的时候，老头儿在打瞌睡，我唤醒他，他甚至有点惊讶，他高兴地给我挑了六个绿色的发糕。我问他这个真的能供佛吗？他仿佛急于证明似的拼命点头，他拉着我打开了卧佛前的栅栏，把发糕放在供桌上，孩子气地看着我。我笑了，在佛前顶礼。然后离开。

当我和大家会合时，已经是下午两点，客堂的师父不见踪影，我们想去瞻礼佛骨舍利的机缘还未显露。大家都饿了，钟山说我们出去觅点食再来看舍利好不好？青石却担心我们刚离开，师父就回来，岂不耽误？两难之中，我突然想起了供在卧佛前的发糕，我跟他们说，青石在客堂里等师父，我们去跟佛菩萨请回那些发糕，大家分着吃，不就行了吗？（后来有善知识告诉我，这个想法是错的，大凡供养，已经归十方所有，不再是属于自己的私物，不可任意擅取。）

于是，小王子和钟山跟着我，来到大殿上。转到背面，那个老头儿已经不见了。再看供桌上，空无一物。整个殿里没有人。钟山笑问，兰若，你那发糕呢？我马上懊恼地说，哎呀，肯定是老头儿又拿走了呗！这个人啊！

就在我以一己之心妄测他人之心的此刻，善知识小王子师兄轻叱道：兰若！为什么你要这样去想别人呢？！为什么你不把别人往好处想，要这样责怪别人呢？！

我的脸通红。钟山也一愣。他可能不知道我该如何应对吧。

我非常感谢小王子直言。她让我在妄念刚起的时候就能得以检点自心。这是我的习气。脱口而出，已成习惯。即便我努力地想给那个可怜的老头些微帮助，并且为了实践这个承诺，我借了钱跑来表达我的慈悲。但在我的内心深处，我对他依然傲慢，依然怀疑。那些负面的情绪隐藏着。一旦碰到喷发的契口，就暴露无遗。自欺欺人和掩耳盗铃已经成为习惯。所以即便知道觉悟的妙处，却仍被自己的习气耽搁。而习气有八万四千之多，它们排着队，一个一个来到我的面前，让我眼花缭乱，应接不暇，直到我终于意识到，它们有着一个共同的名字，唤作我执。我只需要面对的一个问题，一个习气，就是我执；我只需要对付的一个人，就是“我”。除此之外，人生无事。

惭愧心生起之时，觉心也就抬头，我马上发露忏悔：是我错了！谢谢小王子！我拿有染污的眼睛看世界，什么都是脏的。我去忏悔！

我掉头去拜佛。钟山惊讶地看我们。是的。我意识到了，马上去做。毫不犹豫。绝不吝惜。

十四

青石师兄在客堂遇到了一群来自江西的老居士，她们也是刚刚朝礼完普陀来到这里的。老居士们等了整整一天，就为能看到佛骨舍利。她们找到了客堂师父，而青石去的时候，客堂师父正要带她们上楼。于是，我们有缘同行。试想，如果真的出去觅食了，可能就错过了瞻礼的时机。

我们上楼的时候，小王子师兄正在五百罗汉堂，当她往这里赶的时候，众人已经开始礼佛。我不知道方向感极差的她是否能穿越回廊，辨认岔路，找到这里。在如此威严安静的二楼殿堂中，我不敢喧哗。

钟山开始拜佛，非常虔诚，非常专心。

当江西的老居士们开始排队瞻礼时，小王子终于赶到了，她满头大

汗地来到佛前，开始拜忏。我们都在往前走，只有她一人在拜。我都不知道她拜了多少次，我看见她的汗珠落下来，看见她的眼泪落下来。

我们每个人都想见到佛啊。我闭上眼睛。观想诸佛菩萨都在我们身边，尽虚空，遍法界，慈悲而光辉，感觉到诸佛都在默默地听闻垂顾。不必担心啊。认准了方向上路，终将见佛的啊。

青石起身，我来至佛前。看到褐色的佛骨舍利，椭圆形，悬挂在铃铛下面。

我顶礼佛足，转身离开。

有老居士悄悄问我，你看到什么颜色啊？我如实回答。她们都在嘀咕，说有人看到的是橙黄色。为什么自己看的不是那个颜色呢？

在阿育王寺的板报上，我看到这样的介绍：塔中舍利，灵异非常。于华格孔中睹之，其多其少，均无一定。平常人睹，多见是一粒。亦有见舍利在钟底不动者，有见一针下垂至寸许者，有见青者赤者黄者白者，及一色浓淡不同，并二色相兼之种种异色者。有见色气暗然者，有见色气明朗者。不独人各异见，即一人亦多转变不一。又有见莲花及佛菩萨像者。亦有业力深重，完全见不到者。种种情况，不一而足。

为什么我们见到的不同？是因为我们的习气和修行的深浅不同。当我们在佛力佛性没有显露出来的时候，各具不同业力，幻化不同境界。只有当我们自己发生了根本锐变时，境界才能随之而变。由此我想起《地藏经》中对万千地狱的略说，地藏菩萨告诉普贤菩萨说，“这地狱各各不同，皆是南阎浮提行恶众生，业感如是啊！”又有婆罗门女问无毒鬼王，“我今云何得到狱所？”无毒回答说，“若非威神，即须业力，非此二事终不能到。”

不要再为自己现前的程度懊悔不迭吧。即便是懊悔，也是五盖之一，负面情绪，于事无补。我们要是能够从这个表面的相中知觉，生起大惭愧心和大勇猛心，由此起步，奋起直追，命运马上就会逆转。改变自己，改变业力的牵引，就从听闻的此刻开始做起。应该相信自己的力量，相信这个主观能动性，只有改变自己，世界才会改变。那时候，就不用千里迢迢来看佛骨舍利了，那佛性就在身边，就在心内，就在无尽虚空法界之中。偶一回眸，便可遭遇。

十五

接下来，是天童寺。

天童寺实际上与阿育王寺非常近。几乎是并列的两条路。我们由于不熟悉路线，绕了远跑来。不过正因为绕远，才得以饱览江南山色。绵延不绝的山峦，郁郁葱葱的植被，还有我最欢喜见到的毛竹，让人恍若走在去往九华的路途之中。不同的是，安徽贫困，江南富庶。同样的山色，却有着完全两样的经济状况。

还看到很多散落在山间的墓园。有的已经悄悄地占据了半座山。密密麻麻地，让人惊觉这世上幸存者总是少数。而存在的大多数，就是这些沉默的山峦。

天童寺比阿育王寺的规模还要大，进深不绝，气势恢弘，像极了山中的狮子王。两座寺庙都坐落在群山的怀抱之中，放生池如同湖泊，幽深而广阔，山门之外，都有七佛塔矗立，而在天童寺的大殿前，我看到状如莲花般的白玉兰，硕大如蓬，摇摇欲坠，离得尚远，便有暗香浮动。

一路拜过去，我们四个人在最后一个殿外歇脚，那墙角边有个水池，绿色的爬藤植物绕着水管，水珠溅到叶子上，晶莹剔透。倦游的赤子在台阶上一字排开，任由那山风拂面，直到看殿师父出来说要关山门了，我们才依依不舍地离开。

在天童寺和阿育王寺，都有五百罗汉堂。在罗汉堂中，我分别遇到了两位看殿的和尚，问了他们相同的问题。在他们回答我的时候，我的同伴都不知所终，游客更是不见踪影。

五月以来，我有一些困扰，当然这困扰并不来源于我自己，只是觉得不能释怀。我遇到的两位师父一个来自北京，一个来自西安，都师从高僧修学多年，而如今分别在两个寺院里看殿。

我问他们，纵有满腹经纶，却无以宣说，岂不可惜？又问，既已披剃，以荷担如来家业为己任，却在天下的丛林中漂流，岂不耽搁？再问，身为僧宝，以度尽天下为己任，现在只能看殿，岂不冤枉？

呵呵。这是我的非常有局限的知见，我知道。但它确实产生。我如实地提出。不回避。

西安的师父看着我，眼镜片后面闪烁着柔和而智慧的光。他伸手一指，问我，你看到院子里的那朵花了吗？

我点头。是的。

那是粉色的芙蓉，正在如火的骄阳下绽放。

你看花有几朵？叶子有几片？

花自然只有一朵，而叶子，一、二、三……

师父打断我，笑着说，这个世上历来花少叶多，如果不能认识这个情况，妄想就成了烦恼。首先要老老实实地做好叶子，才能够扶持好花的艳丽。如果都想做引人注目的花，那么谁来做叶子？六和僧团何从谈起？僧宝不是树立个人的神话，而是凝聚集体的智慧。那是非常威严的集体亮相。那是花与叶的互相扶持。这些，你想过吗？

我默然而思。

北京的师父对我说，如果你能把你自己一直认为的所谓优点——比如你曾经师从名门，也曾深入经藏，已经有了许多的对佛法的修行实践上的见解——都能放下，客居大庙，游学天下，能够把这些负累都放下，当家师让你看殿你就看殿，让你打扫庭院你就打扫，让你去帮厨你就帮厨，怀着欢喜心，一心一意地去做，这些难道不是修行？度人很重要，但要自问，自己度了没有？

我肃然起敬。

五百罗汉静默看我，安静的下午时分，有穿堂风自我心胸掠过。在大雁塔落发出家的这位师父对我说，出来参访非常好，不要忘了回到闹市时保持这份心境，不要在寺庙里清静，在红尘中烦忧，不要脱离现实去学佛，否则离题太远，要用佛法指导自己的生活，在喧嚣和安宁里都不要遗失自己的人生底版。

我因为他缘相问，却解决了自己的困扰。现在想来，我见到的并非两个云游僧人，分明是宁波城里的罗汉。

记住了。于是再上路。再历练。

十六

天台山，是个用语言无法概括的地方，它距离宁波和杭州都只有两个小时的车程。它是佛教天台宗的祖庭，是寒山、拾得、丰干禅师修行

的道场；是智者大师、一行禅师彪炳青史的所在；也是济公和尚的家乡；很多人从这里起步云游，也有很多人在这里开坛终老。然而，与它的盛名不一样的，是它能够如此地安宁，又能如此地素朴。这里的山，很高，很多，延绵万里，却又无碍视野。庙宇不集中，也少，埋藏在幽深山路的尽头。天台，真的像一位隐者。

出来已经八天了，师兄们都比我精进，每天一遍《地藏经》不辍。而我，还是三天打鱼，两天晒网。在车上，我开始发奋读经。

来到隋梅宾馆的时候，两位师兄舟车劳顿，都想略事休息。许是念经功德吧，我却精神抖擞，于是向他们道别，独自前往国清寺。

无人结伴，实际上是我最为心仪的出游方式。所有的外缘都被摒弃掉，一个人似被人群忽略的隐身一样，可以至诚至纯地与诸佛膜拜对话。这一点，当我意外地来到未建成的智者大师殿的时候，完全被验证了。

那是一个地上还散落着木工锯条的殿宇，因其黑色檀木的梁柱，木色的窗棂，铜制的大师像，让我驻足。大门是关着的，有两个游人好奇地在殿外转来转去，我在门外的台阶下跪拜。游人走了。中午的暧昧阳光漂移在院墙上，我看到蒿草在摇曳，心中被一种力量所牵引。是的。那一刻，我几乎是被牵引着，发现了大殿旁边的小门。这个门不易被发觉，却安在。我走进大殿，除了智者大师的像外，这殿里只有一个蒲团。那像是如此的逼真，让人屏息。我不敢近前，我看到高处天窗上的光线变幻。那像微笑着。完全了解，一切包容。

我是什么时候离开这里的？又是怎样跋山涉水地回来的？我那么多年，那么多世，那么多劫，都去了哪里？我的面目需要怎样的辨认？是谁告诉我漂流在海里的那个使命？我该怎样去完成？

我拜下去。他栩栩如生，伸手可及。那么致命的熟悉。带走我吧！我几乎要喊了出来！

国清寺，非常难忘的大庙道场。一千多年的隋梅灵性逼人，“文革”初来，日渐枯萎。周总理的一纸批示：天台道场的保存完好与否，直接影响到中日、中韩的睦邻友好，所以不允许有任何破坏。由此，浩劫虽重，天台犹存，而隋梅第二天便抽出了新芽。在隋梅树下，我还遇到了一位90多岁的老教授，他系着围裙，告诉我现在他在国清寺里做大厨。他爽朗的笑声和通达的品性深深地感染着我。斑驳的隋塔，一行禅师的灵塔，丰干命名的桥，倒流的溪水……仿佛昨日影像，一一在目。

在流通处，我一直找寻的莲池大师的《竹窗随笔》终于有了下落。而我引为憾事的普陀观音碑刻在这里也得遇朱砂印版本。当师兄们找到我，把他们帮我请的《竹窗随笔》递过来的时候，我充满感恩。圆满的含义，于此深味。

十七

我们住的隋梅宾馆就在天台山的脚下，距离国清寺步行只需要不到十分钟的路程。这一天是星期一，几乎没有游客入住。宾馆的池塘里盛开着三朵红色的睡莲。每到黄昏的时候，她们便合上莲瓣，悄悄睡去。

记得来时，苏州西园的叶子师兄嘱咐我们，若往天台，有两位师父应该寻访，一位是他的皈依师——多宝讲寺的智敏上师，一位是中方广寺人称“小济公”的定荣师父。智敏上师是清定上师的弟子，师父以近八十的高龄，持戒精严，教化一方，他所发心建成的多宝讲寺是在汉地为数不多的金刚道场之一，而多宝讲寺所在的三门县高枧村正是清定上师的家乡。

师兄告诉我们，他曾经的我慢之心是见到上师才轰然粉碎的。我因为非常赞叹叶子师兄的性情和经历，所以他口中的上师，亦是我非常信服和向往的；而师兄言及定荣师父，称其行踪不定，若有缘者，会在中方广寺旁的石梁瀑布边得以遭遇，那师父常用瀑布的山泉来泡茶喝，禅茶三昧，只给有心人分享。我一听，更是记挂于心。

入夜，宾馆里只有我们三人用餐。青石兄向服务员打听多宝讲寺的路线，她竟然不知。但女孩子很热心，她说她会帮我们问人。我们也不在意。过了一会儿，她拿着手机走过来，让青石师兄接，青石与那边对答半天，放下电话告诉我们，接电话的人是这个女孩子的哥哥，是国清寺客堂的小师父，而智敏上师竟然是他的剃度师。由于再过一天，就是四月初八了，恰逢本师释迦牟尼佛的圣诞日，多宝讲寺会举行放生活动，他正要去送一些善款过去，师父很热情，说那边不是很好找，要倒两次车，他可以带我们过去。

大家都很高兴。觉得很顺利。竟然随口一问，就能有人引领。

于是我们就计划第二天，用一整天的时间，前往石梁景区，可以参访四处寺庙——中方广寺、下方广寺、塔头寺和高明讲寺。

昼夜更替，黎明很快来临。我们是被小师父的电话叫醒的。他告诉我们，因为客堂很忙，圣诞日国清寺有法会，所以他提前一天就要去多宝讲寺了，问我们是否随行？我们三人的第一反应都是不跟师父去了，因为国清寺距离石梁景区较远，而塔头寺和高明讲寺又不通车，我们必须在这两处步行前往，时间上太仓促了。我们想用圣诞日中半天的时间去参访多宝讲寺，随喜放生，然后就该启程离开了。

我们如实言明，但小师父却一直劝我们跟他去，还说他十点钟就会赶回来，那么我们即使是十点钟才去石梁，也完全来得及。盛情难却，我们便与师同行。

但是，一去多宝讲寺，就被客堂告知，上师一大早就去上虞那里的另一处多宝讲寺了，不过晚上肯定能回来，因为第二天的放生法会，师父会亲自主持。

而小师父来时，并未打过问询的电话。在那一刻，我知道我们这次是肯定遇不到上师了。

不用说，我的习气立即抬头，我那颗随境而转的心立即生起大烦恼。

一路上，我都在发愿忏悔，也都在祈请诸佛。我愿意让这嗔怪的习气抬头，放大，怒不可遏，我愿意直接与它见面，对峙，亲手交锋。

我发了愿，轻而易举地与自己的问题再次谋面。烦恼如此炽烈，掉悔如此往复，我开始沉默念佛。这一路上，我有见过万佛吗？没有啊。我见到的只是观世音菩萨的万千面孔。我来拜她的道场，我忆念她的名号，凡我见到的所有相，都是菩萨亲手指点。我忆念她，如同孩子忆念母亲一般。

我诚恳地忏悔，亲眼目睹这烦恼的抬头。我愿意观照它，如实地看，冷静地打量，像个外人一样默默地旁观；这一路上，我只念了一部经吗？不是啊。我诵《地藏》，为消业而诵，为明心而诵，为手刃我执而诵，那佛佛不二，经经相通。我至诚地祈请，亲身遭遇改变的发生。

我遇到了“我”，一场鏖战，就此拉开序幕。

十八

离开多宝讲寺的路上，我眼观鼻,鼻观心，收摄恼乱，平息纷扰。我看到那被习气冲得七零八落的妄念，在虚空中横行。而那个在嗔毒里挣扎不甘的肉身，正面临长久以来的蒙昧与片刻抬头的觉心之间的交战。我开始持念观世音菩萨的名号，至诚地祈请菩萨来为我作证，即便我曾经因为不觉而堕落，但在明了观照的此刻，我愿自救，出离这习气的深渊泥潭!

南无观世音菩萨。南无观世音菩萨。南无观世音菩萨。

我愿亲手剖开这颗纯洁的、透明的、饱满的真心，请诸佛菩萨来听闻见证；我愿锻炼出觉察无明，转化无明的般若智慧；我愿摒除一切我习以为常、乐于栖身的障道之行，就从发心忏悔的此刻起步……

南无观世音菩萨。南无观世音菩萨。南无观世音菩萨。

告别小师父，我们前往石梁景区。车上除了我们三人，还有五位当地的妇女，她们是信众，提了供品进山。有一位女居士声音的分贝很高，在幽静的山路中，一直在大声聒噪。我知道我对聒噪的关注实际上是我对它有很深的障碍。精神洁癖虽然在某种程度上让我远离不端恶行，但那并非真正了知分明地放下，那是有着另一张脸孔的疾病。我在过往的日子里，曾无数次的制止和打断外境的喧哗，却甚少锻炼一副忍耐、慈悲的心肠，更不用说认知内心环境对喧哗的放大和投射。心中不乱的人，即便外境纷杂，也处之泰然，而内心分别颠倒如我，与不喜之境却易招感相应。

我继续持念南无观世音菩萨，直到我的心神慢慢地被菩萨之名充满，念念分明，净念相继。她就在我的身边，就在我眼界到不了，心灵却通达的无尽虚空。

渐渐地，我开始得到轻安。我听见了石梁飞瀑的潺潺流水声，我闻到了天台深处空气中湿润的味道，我感受到有山风拂面，那指法轻柔怜悯，我那凡胎的六根转出清凉的六尘。我深知境界已被心念所转化，彼时，我安宁，明亮而光辉。

这是中午。中方广寺空无一人。瀑布旁边的寺庙古朴无华，充满了静谧午后所带来的恍惚之意。

一直沉默的小王子师兄突然开口说，这儿真好啊，本来上午没能碰到智敏上师，我还有点不高兴呢。不过，我想，不高兴都是我自己的问题。我笑了，原来我们一路上都做了功课，沉默和反省让我们得到洗涤和平静。

走出中方广寺，没有遇到叶子说的小济公，但我依然知足感恩。我努力地、切实地面对了我执，第一次成功地转化了它，而不是压抑了它。我第一次清楚地看到了力量的生发和作用。我的信心得以从来未有的坚固。或许，以后习气还会抬头，但有过对治和交锋的经验，我坚信逐渐的去除指日可待。这是我此行最大的收获和遭遇。即便寻隐者不遇，又有何妨呢？

十九

石梁飞瀑的下面，中方广寺的不远处，就是下方广寺，又称作古方广寺。就在这里，旅途的劳累、赤诚的求法之心得到了最好的安顿。

我们悄悄走进寺庙，门窦大开，木材和水泥堆放在台阶旁。寺院不大，空无一人。来时一起乘车的香客们也不见了踪影。我们三个人，屏住呼吸，进得殿内。中午的日头晒着，风都不动。

那殿里端坐着我佛如来，左有阿难，右有大迦叶，彼时殿内有奇香，时光凝滞得让人有些心慌。佛前有三个拜垫，我站在左边，小王子站中间，青石立在右侧。我和小王子同时拜下去。那莲花一般的蒲团让我无法起身，我长久地匍匐，以亲近的姿态与泥土、与佛母、与内心净圣谋面。我起身，小王子也起身，我们一起拜第二拜——这一路我这样拜过了多少菩萨，忏悔清净了多少业障，收获了什么，觉知了什么？我在那一刻，真的体会到化入红尘，人我俱忘的感受。拜佛竟然可以拜得如此轻安自在啊。这让我欢欣鼓舞。

就在我们翻掌莲花的时候，一阵风自身后吹来，它无影无形，却沁入骨。我们拜佛的两人，默立的一人，几乎是在同时，听见了这世间最美好的声音——风吹幢幡，幡的响片轻轻地撞击在一处，发出了几乎是复调和声般的叮当声，那声音清脆安宁，如同午后的湖水泛起的轻柔涟漪，一圈圈地荡漾开来，随后又相继远去。我心中空空，无悲无喜，在那一瞬间，我强烈地被暗示：佛来了，有人要来了。

青石之所以没有和我们一起拜，是因为在他的那个角度，幢幡挡住了观佛的视线，而他深感本师之美，想目行合一。在我们起身时，他拜了下去。那至诚的礼拜，让我的相机黯然失色。有些时候，纪录也成为累赘，它会干扰我们的体验。我罢手，沉默绕佛。

大殿右侧有个桌子，放着一些香烛，那上面有个字条，上书：自拿自取，自留钱财。香烛2元一对。小王子跑来向我借钱，我看见她把钱老老实实地放在桌上，用她后来的话讲就是，在这个地方，起心动念，她都如对诸佛，把自己身上所有的美德都留下了。

这时，我倚门望向殿外，我看见一个比丘，正快步无声地走进来，我讶异地看着他，心中只觉得蹊跷。师父法相庄严华美，留着大胡子，像个印度人。他走路很快，但却没有声音，手里拿着根拐杖，脚下蹬着一双运动鞋。我慌乱地合十，问他寺院里的师父是不是都在午休啊？他笑笑，并不答言。师父走进殿来，另两位师兄也看见了他，聚拢过来，也都是一副懵懂的神色。这时师父说，你们喝茶吗？我心里一惊。仿佛张不开嘴，不会回答。我们三人都傻在那里，没人说话。师父又说，这里有三个蒲团，就是给你们准备的，坐吧。我们低下头去，看见桌旁竟真的有三个蒲团，此时更是心中奇怪。

我们坐下来，青石师兄开始和师父寒暄。我心中杂念纷飞，觉得这个比丘来得神奇，不知道和上午寻访金刚上师不遇是否有瓜葛关联。正自思忖，那师父竟然开口问道，你们是不是想修习密宗啊？我头皮发麻地看着他。从此之后，没有我们提问和回答的契口，只要我们三人心里的念头一动，那比丘便开始发话。我们三人目光不眨地听着他不徐不缓的言说。他逻辑严密，涉及生物、物理和政治经济学，没有一句废话，深入浅出，点到即止。就在我思想溜号到此人为何步履矫健，却手拄拐杖之时，他向我们说道：汉人学禅，在最后关键时若有善知识给你印证，告诉你推开此门，即是大光明处，那便得成就。而今人学禅，苦于善知识稀少，邪知识遍布，若不能辨清，一念疑情，便得退转。而此刻，阿弥陀佛就是这根拐杖，若渡险滩，有这根拐杖，便能健步如飞。

第三次开小差，我是在想，我这个长久以来在佛门前徘徊的孩子，丢了N多个皈依证，背离过太多的法缘，辜负过太多的恩人，今天遇到这个佛使比丘，看来是佛菩萨对我忏悔的奖励。正想得高兴时，那师父又开口，说，你们看见这佛像了吗，懂得皈依的意思吗？皈依是皈依这有形的三宝和外在的形相吗？不是啊。记得那三句话吗？“自皈依佛，自皈依法，自皈依僧”，这个“自”是什么意思呢？是“皈依自性三宝”啊。自性三宝在哪里？在这儿。师父指了指心，在自己的心里啊。

我的汗流下来。

我深知这一切的发生不可逆转。就像史铁生的小说《命若琴弦》，所有的一切，时间、地点、人物、主要内容，都带着恰如其分的使命，汇成生命的洪流，在这样一个峡谷之间，激荡出最令人难忘的混响！

这时，殿里出现了旁人，那些香客依旧嘈杂着。比丘师父那双闪烁着智慧的眼睛看定我们，笑笑地问，你们说我说的对吗？我轻微地下意识地点了点头，而那二人还在发呆。师父笑着说，好，那就这样。言罢，他竟然起身，以大步流星之态迅疾离开，他走向了后殿，一如来时无声而迅忽地消失了，我们三人完全愣住，我最先醒悟，然后看见青石和小王子的满头大汗。

我们几乎像做梦一样地经历了这一切。夸张一点地说，是互相搀扶着走出了殿堂。我不愿意，并且一直不想说这些跟感应有关的事情，别人传说，我也只是一听而已，但这一日的经历，让我感受到不可思议的加持力。我清楚地看见，至诚地发露忏悔。至纯地观想本尊所带来的殊胜法缘。我看到那古方广寺的影壁上，有弘一大师的题字：栖真圣境。我们三人默立壁前，不由深以为然！

我们来到瀑布下，久久地回味，三个人把各自记忆中的师父的开示汇总下来，再次受到震撼。青石说，其实师父的很多话，也都似曾相识，本来没有特别地触动，但是他的讲法方便让人留意，而最后的决然离去令人震惊，如同一记棒喝，唯有亲身领受，才会感到痛彻心肺，那原本觉得像杯白开水似的开示，经由这一走，这凛凛然的绝尘而去，变成了甘露，变成了醍醐，从头到脚，清凉浇身，我们无言。深深认同。

这一路，脚，越走越沉，头，越拜越轻。我们听到了洛迦路上第三段最曼妙的经文。无比感恩。不敢怠慢。而洛迦之路，虽然还要继续，但真正的行程已经在此结束了。

二十

杭州。是我们这次行程的最后一站。这个城市，我曾经出差来过，也曾一个人拜谒济公和尚的道场净慈禅寺和著名的灵隐寺；在龙井山，我寻访到善良的茶农，多年以来一直在她那里邮购明前的茶叶；在陶瓷市场，我如获至宝地淘出了两个丑丑的碗……

这一次再来，说是随喜另两位没来拜庙的师兄，实则想再探望灵隐的大佛。当年，在他面前，我悄悄地流泪，委屈如迷路的孩子，看见业已灭度的本师，却以前倾垂顾的姿态来听闻我的心声。那是喧哗的秋天，信众熙攘，庙有高香，我在柱后深藏，那寂静暗哑的黄昏时分，在我的生命中留下了不可磨灭的印记。

于是，再来。

这一天，是四月初八，本师释迦牟尼的圣诞，我们几乎用了多半天的时间赶路，买归程的票，订旅店，终于可以去拜佛的时候，已经是下午三点。我提议去净慈禅寺。在天台，有两处济公和尚的道场，因为时间有限，我们都没去。在杭州，正好补上。大家都同意了。

净慈禅寺，与西湖雷峰塔相对。这里有个小师父，我与他在去年灵山法会上结识，当时因为看见我有相机，他跑来相问是否能给他拍张照片，以后给他寄去。我遵嘱依言，后来给师父寄照片时没有留下我的地址和姓名，我不想让任何人因为我本分中能做的事情来感谢。进山门时，青石提起他，说自己已经忘了这个和尚的模样，只记得有这么个事儿。我笑说，但凡师父出现，我一定能认出他来。

大殿里，很多人在拜，能看得出上午一定有过大法会。供果非常多，新鲜美好，花也开得正艳。听见一个老居士正和一个西安来的小和尚争论，陕西的果林老和尚到底有没有一百多岁，我笑着经过他们，心里觉得亲切。有一个小孩子在蒲团上玩耍，看殿的老僧身着百衲，逗他开心。

我们三个人完成了拜谒，走出山门，无所适从，大家都觉得疲惫，腿像灌了铅一样。而杭州很热，蒸笼似的，大家汗不停地流，而思维似乎停滞了。小王子和我对视后，都觉得对方比自己傻。就在我们于南屏晚钟前发呆时，我看见一个戴着棒球帽的僧人骑着辆自行车飞快地掠过，几乎是下意识地，我当街喊了一声：师父！

要知道那是山门外，街上的师父很多，而只有这个小师父回头，他看着我们，我竟然坚定不移地对他说，去年，灵山……他推车过来，笑起来，是你们啊！我一直在找你们，为什么不留地址？刚才你们在寺里拜佛，我就看见你们了，但不敢认，你一喊我，我就在想，应该是你了……

同来的那两个都呆了。我却万般感慨，仅仅一念之善，终究山水相逢。

小师父突然一拍脑袋说，哎呀，我知道了，为什么我会被你叫住了！你们知道，我急急忙忙地去干什么啊？看这个。他一指车筐，那里面有一兜苹果。我是要给杭州的一个居士家里送供果。你看，从初一到今天，一共八天，供在释迦佛前的大苹果。结果就被你喊住了。我现在才明白，佛是派我给你们送好吃的来了。

而后来师父热情地引领，在杭州一路顺风的经历，以及我们想供养小师父时，他严肃了笑容告诉我们他持金钱戒律的种种，让我深觉释迦深恩，不敢辜负。

我们三个人，坐在净慈禅寺的影壁前，西湖上的夕阳正残。我们默默地，一口一口地吃着清冽的苹果，我的眼泪掉了下来。我清楚地了知，即便是师父拣择了善言鼓励我们这些游子，我亦深切地感恩。

黄昏来临，我们不想回家，在西湖边无目的地逡巡，由是看见了红墙。两位师兄问我，杭州通，那是什么庙子？我摇头，说不知。就在净慈禅寺的旁边不远，有一个围墙围起来的院子，铁门虚掩，而里面有一座庙宇。我们好奇地不邀自来。那院子里安静无人，殿门紧闭，闻得见佛香。

青石老居士提议说，佛子们，我们绕佛，念佛号吧？

好。优婆夷们点头。

开始绕佛。心里觉得安宁。看见殿后有很多居士们的背包，还有一些课桌板凳。可能是个共修之所。不知道绕了多少圈，我们来至殿前，开始在青砖上拜殿。这时，先起身的青石兄惊叹道，我知道这是什么地方了！我们起身，诧异地四处张望。青石指着牌匾说，永明禅院，这应该是永明禅师的道场，永明禅师是禅宗法眼宗的三祖，净土宗的六祖，我们竟然盲打误撞地跑到这儿来了！他有一首著名的偈子你们知道不知道？我们俩茫然地摇头，心里惭愧得紧。“有禅有净土，犹如戴角虎。现世为人师，来生做佛祖”。这个，倒是知道的。

正在我们思忖，青石激动的片刻，铁门开了，一位清雅飘逸的老人推门进来。我们呆呆地看他。他笑笑地问道，你们是谁啊？

我们来拜佛的，老居士，请问这里是不是永明禅师的道场啊？他点头，是永明禅师的塔院。言罢，老者说，既然是来拜佛的，就进殿来拜吧。你们早一点来，晚一点来，我都不在，就这个时候，我每天来殿里上香的。

越来越巧了。我们跟着护殿的老居士进得殿内，礼塔三拜。从他的口中，我们才了解到，这里不是旅游点，不对外开放，但却是杭州信众们的共修道场，因为永明禅师也是净宗的祖师，所以，居士们在这里也有助念的功课。

真好。多年前一再经过的路径，竟然浑然不觉的盲点。而今因缘的具足，终于可以叩开门扉，礼拜再三。而师兄们发愿寻求的对机法门，从苏州灵岩山寺的初遇，到天台古方广寺的点化，直至今日落笔永明塔院的昭然，已经得到了答案。

找到了药方，接下来要做的，就是老老实实地吃药。

洛迦，改变生命的旅程，用所有的词汇来感谢都显苍白的心灵之路，但愿她是我们前行的一个见证，留存在成长的记忆当中。但愿有朝一日，金蝉脱壳之时，体解大道，成就愿心，放下一切，无悲无喜。

南无观世音菩萨摩诃萨。

南无阿弥陀佛。

南无本师释迦牟尼佛。

在吴哥窟睡午觉

在沉沉的睡梦中，吴哥，它不再是我的旅途，不再是我停留和找寻的去处，它本来在着，与我从未远离。

午睡的阳光里，飘动着的是水鸟飞过的痕迹。我坐了千年的木舟，划过沙砾烁金的丘堡，独自来寻你。

这里没有我认识的人。也没有人认识我。城堡上面都是来找你倾诉的远客。

吴哥。我不认识你。从来不知道你曾经的灿烂和没落。

今天，我站在你精心雕刻蓄意描摹的佛像前，却听见尘世里花朵绽裂的声音。

总是有些话不能跟别人讲的，总是留着我们自己不愿被开解的，总是有很多的爱需要放手、永远不能追究的。吴哥，你看，那眼眶被泪水漫溢，那眉头被香烟紧蹙的，正是悄悄地远涉了重洋，依依艾艾地找了你来。然而，再悱恻的缠绵，再不忍的离别，放于你的掌心，吴哥，我看它们都羞于启齿。那美丽的、相守的、涎水和泪水交织着的，在你的变迁之中，不过是昨夜的一场风沙。寂寞着，宽容着，倾听着，你又安抚了多少孤独伤怀的心事！

日出时分。所有的远客欢呼起来。那是日日夜夜轮转的辉煌，是惯见而不见的神的光芒。无论是吴哥帝国，还是红色高棉，在这日出时分，那曾经的繁华均要落败。被人们苦苦争夺、斤斤计较的历史，在自然的股掌之中，显得是如此的卑微！

我没有心事，没有眼泪，没有足印。我在圣地须弥山的脚下昏睡。很多的人经过了我，匆匆地离去。没有人能唤醒我酣然的休憩。南方，再往南方，炎热和潮湿的热带丛林，它们随着天光的摇移忽远忽近。突然，我在这睡梦中不再伤心。

你看你们的哭泣，都是在说我们失去了依怙，那依怙是灵魂的一件外衣，大家却都推托说在我们的人生里，遗失的是这件华袍，没有人肯对华袍下面哭泣的灵魂负责。而那灵魂，是这身体里面最脆弱的部分，无形可赋，无状可依，她存在着，却被忽略着。佛在时，我们把灵魂交付他看管，有他眷顾，我们乐得逍遥；然而，佛陀却也要灭度，八十年之后湍流之处野舟自横！如同吴哥，你是皇族的温床和帐幔，却也孕育了风暴和雷霆，日落之后，又有谁来做我们的依怙？

从曼谷到暹粒，从婆箩浮屠到金字塔，我追寻着日光的秘密，希望能找到立于不败之地的君王。而我知道千百年来，吴哥窟石缝里的愿望，像哭墙里的祷告一样多。我们都想在时光的狂流里留下善的种因，想让那沙漠里有清泉奔涌，想让被丢弃的重新被珍藏。这掩埋已久的心愿奔赴了这么久，却依然无处可以安放。

中午，没有人在吴哥窟。我看见皮肤和汗珠在斑驳墙上起舞。在沉沉的睡梦中，吴哥，它不再是我的旅途，不再是我停留的找寻的去处，它本来在着，与我从未远离，更无所谓仰慕。我们在着，如同被掩埋已久的自性，它就在我的身体里面，不在三万尺的高空，不在沙和土的深处。

我常听智者说，心外寻心，终不可得。但我从来都不以为意。我悄悄企盼天赐舟屿，来得岂不更为轻松。然而，天赐来自你的洞察和不怠惰。搪塞着的只有你自己。我终于老实下来，不去追寻外物和他人作为自己得以生存的缘由。

这时，日影西斜，吴哥宫殿的魅惑优伶，都开始拈指起舞。我起身，哈哈笑，回头看我的梦，已没了踪影。